京都さくら探訪

ナカムラユキ

文藝春秋

目次

はじめに

春――。

ふわふわとくすぐったい風が頬に触れはじめ
桜のつぼみがぷっくりとピンク色に染まる季節。
気もそぞろになり、これから届くであろう桜色の風景を胸に、
歩く足もともふわふわと軽くなるから不思議です。
桜は、その場所が持つ雰囲気や、
刻々と変わってゆく空の表情によって
様々な姿を見せてくれます。
その儚げな美しさが好きで、毎年、桜を楽しんできました。

数年前の春、「ある一本の桜との出会い」がありました。
京都・上京区の千本釈迦堂を訪れた時のこと。
「阿《お》亀《かめ》桜」のそばに掲げられたある女性の逸話を読んで、
あらためて眺めた桜は、これまで漠然と抱いていた

「きれいな桜」というイメージとはまったく違うものでした。
一本一本の桜にそれぞれ物語や植えた人の思いがあり、
それを知って見たときに、
桜への愛おしさは深まるのだと実感したのです。

京都の市内から郊外まで、
数えきれないほどの桜を巡りました。
たくさんの桜を眺めて、
その数だけの個性と美しさに出会いました。
この本は、京都の個性豊かな桜を
より深く楽しむための私なりの提案です。
桜の樹にみちびかれて、
新しい京都の一面に触れていただければ、と思います。

京都が春色に染まるほんのわずかな時間、
どうぞ心豊かに楽しい桜巡りを……。

全体map

洛北 …P91

宝ヶ池
上賀茂神社
京都府立植物園
賀茂川
半木の道
松ヶ崎疏水
高野川
常照寺
大宮交通公園
今宮神社

洛東1 …P11

哲学の道
宗忠神社
竹中稲荷社
熊野若王子神社
大豊神社
平安神宮
岡崎十石舟
岡崎疏水
インクライン
京都市美術館
京都国立近代美術館
南禅寺
京都市動物園
真如堂
金戒光明寺
北白川疏水
鷺森神社
長徳寺
知恩寺

洛東2 …P27

祇園白川
円山公園
高台寺
建仁寺
知恩院
安祥院
京都国立博物館
養源院

山科 …P107

山科疏水
毘沙門堂
大石神社

洛中2 …P58

六角堂
佛光寺
鴨川
高瀬川
渉成園
六孫王神社

洛南 …P107

城南宮

洛中 1 …P37

京都府庁旧本館
元離宮二条城
神泉苑
本満寺
京都御苑
本法寺
水火天満宮
妙蓮寺
雨宝院
千本釈迦堂
平野神社
千本ゑんま堂
上品蓮台寺

洛西 …P67

嵐山
嵐電
車折神社
天龍寺
嵯峨釈迦堂(清涼寺)
法輪寺
二尊院
亀山公園
大河内山荘庭園
大覚寺・大沢池
佐野藤右衛門邸
広沢池
京都市宇多野ユースホステル
仁和寺
退蔵院
龍安寺
法金剛院
原谷苑

西山 …P113

勝持寺
大原野神社
正法寺
善峯寺

この本の見方

この本は、京都の桜をより楽しんでいただくために「桜の見方」や「感じ方」を、私（ナカムラユキ）なりに提案するものです。

とはいえ桜の見方にきまりはないので、読者のみなさんがそれぞれの楽しみ方を発見するきっかけにしていただければと思います。

◎〈桜メモ〉は、おおよその花の見ごろの時期、主な桜の種類、本数などを掲載しています。

◎〈**寄り道メモ**〉では、お花見どころ付近にあるおすすめの店（カフェ、雑貨、甘味、おみやげなど）を紹介しています。また、エリアごとの地図にも寄り道のおすすめスポットを掲載しています。お花見の合間のお楽しみにぜひ活用してください。

◎それぞれの地図には、大きく分けた主な桜の種類を下記のように色別に記しています。

＊本書の写真は２００９年春に撮影したものです。

＊情報は２０１０年10月現在のもので、商品の価格は原則的に消費税５％込みの価格です。

洛東 1

哲学の道を中心に、ひっそりと静かな寺社など穴場も多く、ゆっくりと一日かけてめぐりたい。

桜スポット　■…寄り道スポット

イ…鷺森神社(P25)
ロ…北白川疏水(P24)
ハ…知恩寺(P26)
ニ…長徳寺(P26)
ホ…竹中稲荷社(P14)
ヘ…宗忠神社(P14)
ト…真如堂(P23)
チ…金戒光明寺(P23)
リ…哲学の道 (P12)
ヌ…大豊神社(P15)
ル…岡崎疏水(P19)
ヲ…平安神宮(P16)
ワ…熊野若王子神社(P15)
カ…京都国立近代美術館(P21)
ヨ…京都市美術館(P20)
タ…京都市動物園(P22)
レ…十石舟のりば(P18)
ソ…南禅寺(P21)
ツ…インクライン(P19)

そぞろ歩きしながら見る

〈哲学の道〉

哲学の道は、銀閣寺橋より若王子《にゃくおうじ》橋までの疏水沿い。約2キロの桜並木が続く。ここに連なる「関雪《かんせつ》桜」と呼ばれている360本の桜は、大正時代に日本画家の橋本関雪と夫人が寄贈したといわれている。夫人の没後、関雪が「桜舞う季節になると、先立った妻を思い出し悲しみにくれる」と詠ったほど慈しんできた桜並木。しとやかに咲く桜に妻の面影を重ねていたのだろうか。そんなことをふと思いながら、低く垂れこめた桜の樹々をくぐりぬけていく。洗心橋からの眺めは、里桜と山桜が重なり合い、岸には可憐な花をつけたユキヤナギがほころぶ（写真）。レンギョウ、ミツマタなど岸の植物と桜たちが呼応し合う様子を眺めながらのそぞろ歩きに心洗われる。（地図P11 ⓡ）

〈桜メモ〉3月下旬～4月中旬／染井吉野、大島桜、山桜など約450本

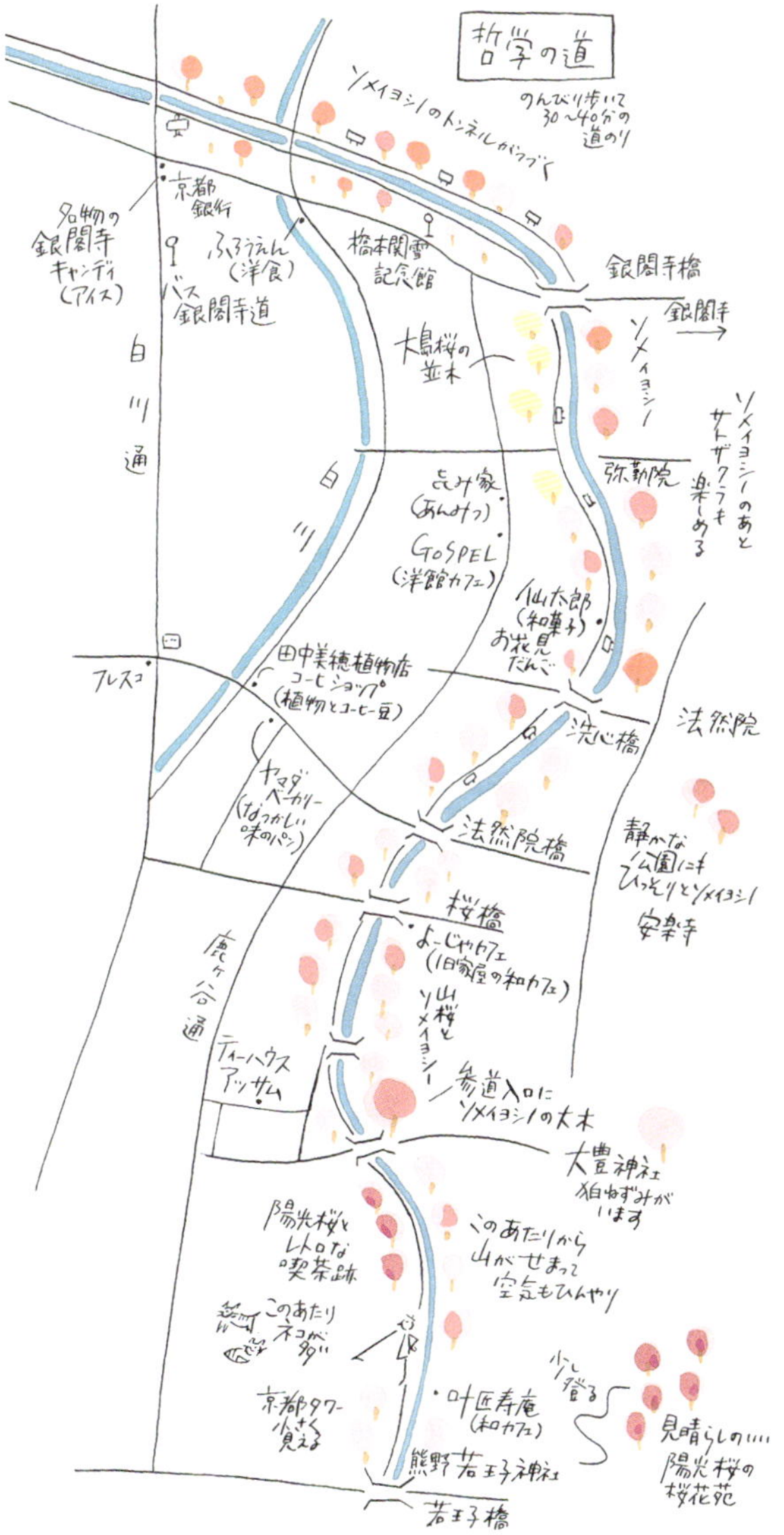

寄り道メモ

田中美穂植物店 コーヒショップ

白く小さな小屋に広がる植物の世界。棚に並ぶ小さな盆栽や古道具、オオヤコーヒ焙煎所による、珈琲豆の販売も。

階段から見る

〈宗忠《むねただ》神社〉

穏やかに静寂を保っている宗忠神社。長い階段脇には染井吉野が何本も並び、桜のトンネルを作っている。階段の下から見上げたり、上りながら眺めたり、頂上から見下ろしたり。同じ桜でも下から仰ぐ桜は陽の光を受けて華やかに、上から見下ろす桜は影を背負いしっとりと感じる。（地図P11㋬）

〈桜メモ〉4月上旬／染井吉野

鳥居をくぐりながら見る

〈竹中稲荷社〉

閑静な住宅街の神楽岡通をぬけ、吉田山を右手に見ながら吉田山荘の脇道を登っていくと、朱色の鳥居が何本も立ち並ぶ竹中稲荷社がある。ひっそりとした境内、鳥居に絡み付くように染井吉野が覆いつくす。天を仰ぎ、鳥居をくぐるたびに、ふわりと桜へ近づいていけるようだ。（地図P11㋭）

〈桜メモ〉4月上旬／染井吉野

寄り道メモ

〈大豊神社〉

ティーハウス
アッサム

山野草があふれる庭で紅茶とふんわりとした素朴な味わいのスコーンを。

記念樹を見る

〈熊野若王子《にゃくおうじ》神社〉

桜と川の流れの文様が欄干に描かれている若王子橋を渡り、神社の横、鬱蒼とした気配の山道を注意深く登っていくと、突然、目の前に紅色の群生が広がる。市民が植樹した濃い紅色の陽光桜が山の斜面に約１００本咲き、京都の街も一望できる知る人ぞ知る秘密めいた桜花苑だ。それぞれの樹には「幸福桜」「還暦桜」など名前がつけられ、家族の想いがぎっしりと詰まっている。境内入口にあるご神木のナギの木は樹齢四百余年、京都で最古といわれている。

（地図P11 ㋻）

〈桜メモ〉3月中旬〜4月上旬／「桜花苑」の陽光桜100本、染井吉野

山の樹々と見る

〈大豊《おおとよ》神社〉

哲学の道沿いの参道入口で、縦皮桜《たてかわ》（江戸彼岸桜）の大樹に迎えられる。参道を歩いていくと、次第にひんやりとした山の空気が頬をなで、境内の奥にひっそりと咲く枝垂桜に出会える（写真）。傍らには、縁結びの神様でもある大国主命《おおくにぬしのみこと》を助けたという二匹の狛《こま》ねずみが鎮座している。鬼門よけの猿、火伏せの狛鳶《とび》にも挨拶をしていこう。椿の名所でもあり、狛ねずみの頭には真っ赤な椿の髪飾りがあしらわれていた。

（地図P11 ㋦）

〈桜メモ〉4月上旬／枝垂桜、山桜、染井吉野

下右／学問を表す巻物を持つ狛ねずみ
下左／豊穣、子宝を表す水玉を持つ狛ねずみ

酔いしれて見る

〈平安神宮〉

朱色の白虎楼《びゃっころう》の屋根を覆いつくすように、はっとするほど艶やかに咲く八重紅枝垂。しばらくの間天を仰ぎ、酔いしれる。幾度も春をかさねるたびに人々の感嘆を全身で受けてきた桜に、荘厳ささえ感じる。谷崎潤一郎が小説「細雪」の中で、「紅の雲」のようと描いた場所だ。ほとばしる花々の樹のもとで、黙黙と枯花を拾う庭師の背中に目がとまる。丹念に整えられた場の空気に、高揚した気持ちが少しずつ落ち着いていくようだ。明治の庭師、小川治兵衞氏により築かれた回遊式の庭園をゆっくりと歩きながら、様々な紅枝垂の表情を堪能していく。東神苑の泰平閣からは雅な桜絵巻が広がり、じっと離れがたくなる。ゆっくり歩いて30分、栖鳳池《せいほういけ》に映る淡く切なくなるような桜風景でしめくくる。（地図P11㋾）

〈桜メモ〉3月下旬～4月中旬／糸桜（3月下旬）、八重紅枝垂（4月中旬）、染井吉野、彼岸桜、山桜、里桜、寒緋桜、鬱金（うこん）など20種類約300本、そのうち紅枝垂150本

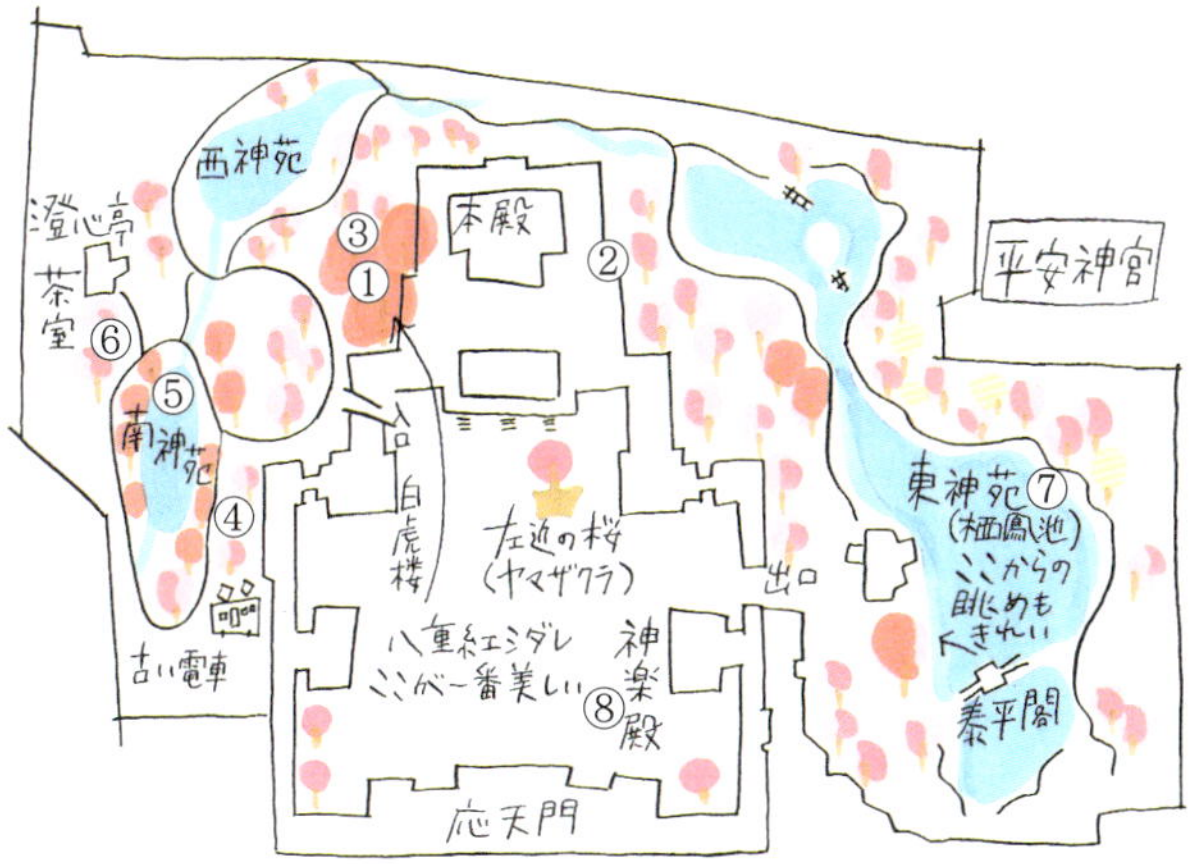

①白虎楼を入ってすぐ右手の八重紅枝垂
②外側から見た白虎楼と八重紅枝垂
③文豪・谷崎潤一郎の気持ちに近づいてみたい
④空から舞い降りた八重紅枝垂
⑤翔鸞池（しょうらんいけ）に映る紅枝垂
⑥茶室「澄心亭」で抹茶と季節の和菓子を
⑦栖鳳池を望む
⑧「満開成就の木」におみくじを結ぶことで桜が咲いたように見える

舟にのって見る

〈岡崎　十石舟《じゅっこくぶね》〉

南禅寺舟溜り乗船場を出発し、夷川《えびすがわ》ダムを往復する約25分の遊覧コース。橋の下をくぐるたびに舟の屋根が下げられて一瞬真っ暗になり、どきどきする。すりぬけた瞬間に、再びあたりが開けてさっと光が差し込み、満開の桜並木が目に飛び込んでくる。まるで舟が残す波の跡を桜並木が追ってくるようだ。水面すれすれに、深々と枝を下ろす染井吉野に幾度も出会い、そのたびに舟の上から感嘆の声が沸きおこる。桜吹雪の頃には、水面をたゆたう桜の花筏《はないかだ》がとりわけ美しい。

（地図P11㋹）

〈桜メモ〉3月下旬〜4月中旬／染井吉野、大島桜、山桜など約450本

寄り道メモ

京都版画館
版元まつ九

京版画に新感覚を取り入れ、徳力版画を生み出した徳力富吉郎氏の作品などが展示されている。また、版画の絵葉書やレターセットなどの紙製品を中心とした文具を購入することも。四季折々の京の名所や、桜をとりいれた図柄が多く、版画をとても身近に感じられる。（入館要予約、入館無料）

「おはこ」桜シリーズ。中には、そばの実金平糖（黒糖・にっき・抹茶）

疏水沿いを歩きながら見る

〈岡崎疏水〉

南禅寺橋から川端通まで疏水沿いに桜並木が続く。冷泉通沿いには、低木の染井吉野や大島桜。「六勝寺のこみち」には木々の間にベンチがあり、時折休憩しながらのんびりと歩く。夷川ダムあたりにくると、大正時代に造られた発電所や趣きある街灯、煉瓦造りの休憩所がある。ここを過ぎると底は急に深くなり、ごぉごぉと荒々しく流れる水と見る桜は、ここにしかない迫力がある。（地図P11㋸）

〈桜メモ〉3月下旬～4月中旬／染井吉野、大島桜、八重桜など疏水沿い約700メートルに約100本

①仁王門橋北側の一本橋あたり
②明治時代に建てられた重厚な煉瓦造りの蹴上発電所旧棟
③平安神宮の参道にそびえる壮大な鳥居と染井吉野
④夷川ダム湖のレトロな形の街灯
⑤煉瓦造りの発電所と遊歩道沿いの大島桜

線路を歩きながら見る

〈インクライン〉

インクラインは、明治時代に作られた舟の運搬用線路の跡地。レールに沿って古木の染井吉野や山桜がまっすぐに連なる。周囲の桜と戯れるように、どこまでも続く線路の上を右へ左へと揺れながら歩くと、空に向かって弾むような気分になる。（地図P11㋡）

〈桜メモ〉3月下旬～4月中旬／山桜、染井吉野の桜並木、約90本

好日居《こうじつきょ》

洋風の窓を残す古い町家に出会ったことが好日居のはじまりだとか。ガラス窓の修繕跡に愛情を感じる。岩茶は何煎も楽しめ、つい長居したくなる心地いい空間。

建物と見る・池と見る

〈京都市美術館〉

前田健二郎設計、昭和8年竣工

千鳥破風《はふ》の屋根、丸窓やステンドグラスなど、和とモダンさを兼ねそなえた重厚な建築物。本館北側の大きく枝をのばした染井吉野ごしに見る煉瓦色の美術館にしばらくの間うっとりとする。南側には疏水に沿って染井吉野が並び、ベンチもあるのでお花見ランチに恰好の場所。また、意外に知られていないのが東側の庭園。藤棚のベンチに座り、池にうつる小さな紅枝垂や芽吹いたばかりの樹々の緑を眺めながら、春のうららかな時間を過ごせる。（地図P11 ㋵）

〈桜メモ〉4月上旬／染井吉野、枝垂桜

寄り道メモ

オ・タン・ペルデュ

パリのビストロを思わせる粋な外観のサロン・ド・テ。フレンチ惣菜、お菓子のテイクアウトも。キッシュや惣菜を詰めたランチボックスは、お花見のおともにしたい。

窓ごしに見る

〈京都国立近代美術館〉

桜の時期の京都は、まだぐっと冷え込むこともある。そんな時は、部屋の中からぬくぬくと、ゆったりと時間を忘れて桜を眺めていたい。近代美術館一階の奥には、全面ガラス窓の前にいくつも一人掛けの椅子が並び、屋外に展示された作品とともに疏水沿いの桜並木を堪能できる。この場所を初めて見つけた時はとくとくと胸が高鳴った。天気のいい日は、館内カフェのテラス席が桜の特等席となる。（地図P11㋕）

〈桜メモ〉４月上旬／染井吉野

三門と見る もみじと見る

〈南禅寺〉

もみじや松など様々な樹々と自然に溶け込むようにして咲いている染井吉野。石川五右衛門の「絶景かな絶景かな」で知られる重厚な三門と淡い花々をまるごと楽しみたい（写真）。煉瓦造の半円アーチ式の水路閣は、寺院の中で趣きある風景を作り出している。この上から岡崎方面（インクラインの頂上あたり）にぬける山道を歩くのも楽しい。（地図P11㋞）

〈桜メモ〉４月上旬〜中旬／染井吉野、枝垂桜など約１００本

本坊内の滝の間では、清涼の滝を眺めながら抹茶とお菓子でひと息

観覧車と見る

〈京都市動物園〉

明治36年創業、日本で二番目に古い動物園。レトロで素朴さを保っている緑豊かな園は、大人になっても通い続けるファンもいるほどだ。春になると園内の染井吉野が一斉に華やぎ、お弁当を持ってピクニックがてら訪れる人も多い。猿山も大きな鳥かごもすべてが桜で覆いつくされ、動物たちもことのほか上機嫌のよう。青空を背景にゆっくりとコトコト、ギコギコと揺れ回る観覧車。楽しそうな子供たちと時折聞こえる動物たちの声……ここにいるだけでしあわせな気持ちに包まれる。（地図P11㋟）

〈桜メモ〉4月上旬／染井吉野

寄り道メモ

〈真如堂〉

吉田山荘
ティーサロン
真古館《しんこかん》

歴史と趣きある吉田山荘の上質なもてなしを味わえるティーサロン。窓から大文字や比叡山を望め、緑に包まれ安らぎながら、珈琲と素材にこだわったチョコレートケーキなどが味わえる。

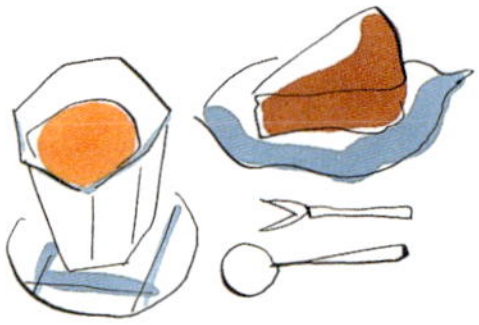

静かに佇み見る

〈真如堂《しんにょどう》〉

本堂の南側、静寂の中に「たて皮桜」と呼ばれている一本の姥桜《うばざくら》にたどり着く。春日局が父を弔うため植えたという桜。松の皮に似て、樹皮が縦に割れていることからこの名がつけられたそう。静かに佇んでそっと見上げてみる。樹の周りをゆっくりと歩きながら控えめな美しさに心をかたむけると、桜の樹そのものが墓碑のように感じられ、そっと手を合わせたい気持ちになる。（地図P11㋣）

〈桜メモ〉3月下旬～4月上旬／染井吉野、枝垂桜、山桜

①三重塔と枝垂桜

②春日局お手植えの桜
樹齢300年を超える老木

階段から山門を見る

〈金戒光明寺《こんかいこうみょうじ》〉

どっしりとした安心感がある通称くろ谷さん。黒く鈍く光る門柱と染井吉野をじっくりと眺める（写真）。階段からぼんやりと桜に見とれていても誰にも邪魔されることもない。ほかにも「あの丸いぽわぽわの桜、今年も元気かな？」と友人との間で毎年楽しみにしている樹が駐車場脇にある。石畳を少し上がった塔頭《たっちゅう》にも人知れずひっそりと咲き誇る一本の紅枝垂があり、これも密かな楽しみになっている。

（地図P11㋠）

〈桜メモ〉4月上旬／山桜、染井吉野、紅枝垂など

散歩しながら見る〈北白川疏水〉

①

閑静な住宅街の中をさらさらと流れる疏水沿いに、染井吉野の桜並木が続く。鳥たちが交わす声を聴きながら山桜と緑のトンネルをくぐる遊歩道は、哲学の道へとつながっていく。疏水沿いには、建築好きの間で知られる銀月アパートメントや駒井邸がある。ノスタルジックな昔ながらのゆがんだガラス窓に映る桜を愛でたり、三角屋根にさしかかるかんざしのような桜の姿に見とれたりと、いろいろな見方を楽しむことができる。（地図P11㋺）

〈桜メモ〉4月上旬／染井吉野、山桜など

②

映画の撮影にもよく使われる
レトロな洋館風の
銀月アパートメント

③

ヴォーリズ建築の
駒井邸内からのびる染井吉野

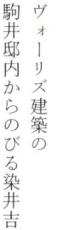

静かに向き合い見る

〈鷺森神社《さぎのもり》〉

修学院のあたりは、のどかな景色の中に透き通るような空気が流れ、神々しさを感じる。神の遣いとされる鷺が森に集まってきたことから名付けられた鷺森神社。社殿に枝を寄せる清楚な枝垂桜は、まるでくちばしに花をくわえ、左右に首をふっている鳥のよう。桜ともみじ、木蓮が彩る参道には京都市指定保存樹の巨木の山桜が堂々とそびえ立ち、春の香りを放ちながら、空いっぱいに真っ白な花を咲かす。そっと静かに桜と向き合いたい時は、この場所を訪れたい。（地図P11㋑）

〈桜メモ〉4月上旬／山桜、染井吉野、枝垂桜

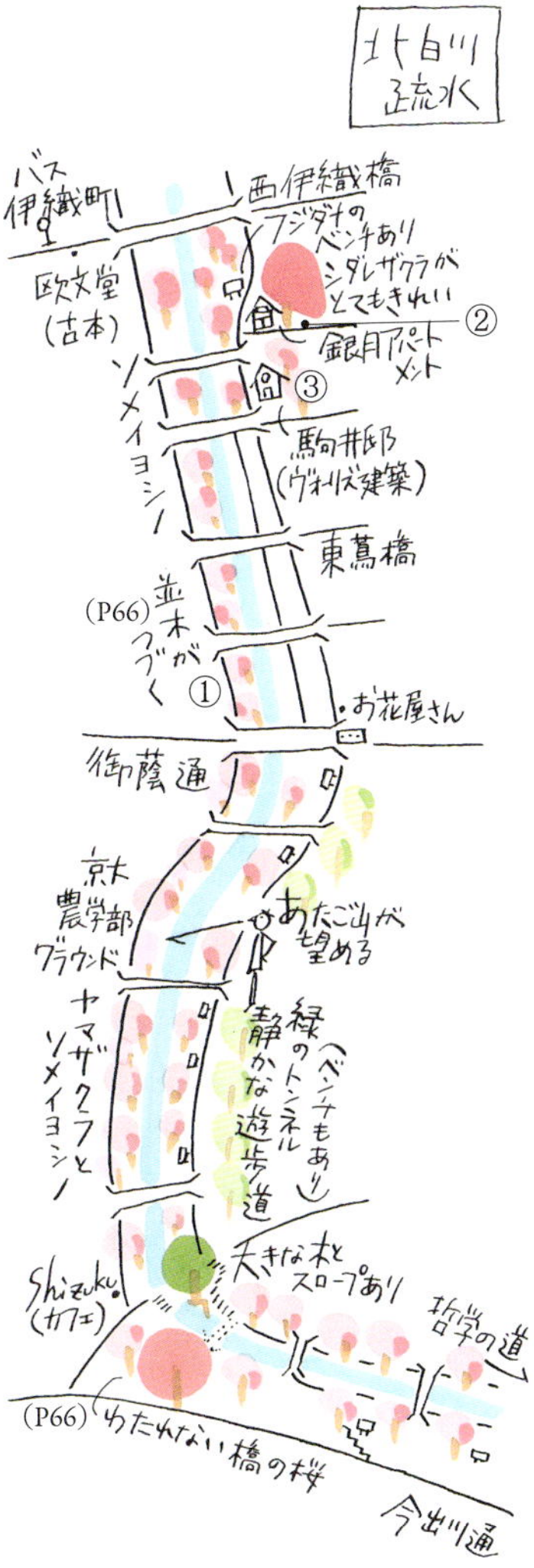

寄り道メモ

〈北白川疏水〉

小さい部屋

作家の器、木製品など使い心地のいい暮らしの道具、高知在住の人形作家にしおゆきさんのほのぼのとした作品に癒される。目の前に染井吉野があり、窓いっぱいの桜風景も楽しめる。

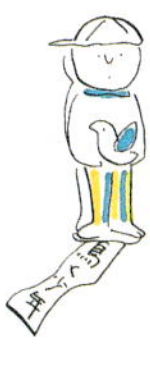

〈鷺森神社〉

弁天茶屋（蕎麦餅）

少し足をのばし、曼殊院の弁天島内にある手打ち蕎麦と甘味の茶店へ。池の周辺に華やぐ染井吉野を眺めながら、桜の花をかたどった素朴な蕎麦餅や自家製の桜餅を。

蕎麦餅3つ、黒蜜添え
400円

早咲きを見る

〈長徳寺〉

早春、まだ朝夕冷え込む3月中旬頃、春の訪れを告げるように、あざやかな紅紫色の小さな花をうつむき加減に咲かせる。おかめ桜は、寒緋桜と豆桜から生まれた栽培品種。蜂が花々の間をいそがしそうに飛び交っている。道行く人は、吸い寄せられるように桜のもとにやってきて、沸き立つ気持ちを写真におさめる。同じ頃、対岸の鴨川公園に二本の紅色のいぼ桜も咲きはじめる。（地図P11㊁）

〈桜メモ〉3月中旬～下旬／おかめ桜1本のみ

〈知恩寺〉

毎月15日に手づくり市が開かれる知恩寺は、普段はとてもひっそりとのどかなところ。境内の鐘の近く、早春3月の中旬頃に、京都の中でもいち早く開花する一本のふじ桜がある。春を先どりしたい気分の時はここへ……。（地図P11㊇）

〈桜メモ〉3月中旬～下旬／ふじ桜（彼岸桜）1本、染井吉野（4月上旬）

寄り道メモ

〈長徳寺〉
ベーカリー柳月堂

創業昭和28年、定番のくるみパンなど懐かしい味わいのパンが並ぶ。

〈知恩寺〉
緑寿庵清水（金平糖）

日本で唯一の金平糖専門店。熟練の職人が丹精込めて手作りしている。季節限定の桜の金平糖はふわっと豊かな桜の風味が広がる。桜の金平糖　箱入り1890円（3月の販売。事前予約可）

Limour《リモール》

和と洋の雰囲気がとけ合う古民家のサロン・ド・テ。桜の開花時期には桜のメレンゲも。

洛東2

夜の灯りが似合う界隈。円山公園や清水寺など、もっとも人がにぎわうお花見どころ。

桜スポット　　■…寄り道スポット

イ…祇園白川(P28)　ハ…円山公園(P29)　ホ…高台寺(P30)　ト…京都国立博物館(P32)

ロ…知恩院(P31)　ニ…建仁寺(P30)　ヘ…安祥院(P31)　チ…養源院(P33)

夜の灯りと見る

〈祇園《ぎおん》白川〉

赤い提灯にぽつりぽつりとあかりが灯りはじめる頃、風情ある古い京町家が軒を連ねる石畳の花街に、夜の音色が聞こえはじめる。さらさらと流れる白川沿い、枝垂桜が幾重にも重なりながら浮かび上がる。歌人・吉井勇や与謝野晶子もしとやかなこの白川の光景を歌に残している。陽の光がふりそそぐ時間には、風に泳ぐやわらかな柳の緑と桜との調べに心くすぐられる。（地図P27㋑）

〈桜メモ〉4月上旬／枝垂桜、染井吉野など約70本

巽橋付近の染井吉野

月あかりに照らされた桜を見る

寄り道メモ

尾張屋

昔ながらの佇まいの中、工夫が凝らされたお香を選ぶ楽しさが味わえる。様々な形のお香が入っているミニチュア箪笥や色とりどりの香玉は飾っておきたくなる。

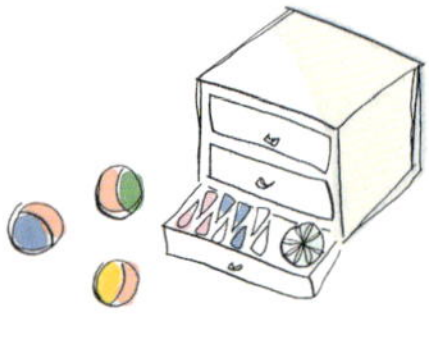

原了郭《はらりょうかく》

創業1703年。秘伝の製法を受け継いでいる黒七味で有名な香煎・薬味の老舗。一年中購入可能な桜香煎

名木を讃えて見る

〈円山《まるやま》公園〉

篝火《かがりび》が焚かれ、にぎやかな円山公園の夜。桜をほめ讃えつつ、うららかな春とお酒に酔いしれる。名木と尊ぶ「一重白彼岸枝垂桜」には石灰が塗られており、白塗りの花魁《おいらん》のごとく夜空に妖しく舞い浮かぶ。元は八坂神社にあった樹齢二百余年の樹を移植したものだったが、その後枯れてしまったため、桜守《さくらもり》の佐野藤右衛門氏の父上が種から丁寧に育てた樹が移植されている。大型台風時に両手で幹を抱え守りぬいた渾身の一本は、樹齢83年を超え親子二代にわたり守り継がれている。

（地図P27㈧）

〈桜メモ〉3月下旬～4月中旬／枝垂桜、八重枝垂桜、染井吉野、山桜など約680本

は、八重桜の塩漬けで、お湯を注ぐと香りがふわっと広がる。

祇園小石

創業七十余年の飴屋。4月限定のさくら飴は、細かくきざまれた桜葉の塩漬けの風味がふわっと口の中で広がり溶ける。1袋／420円

庭と見る

〈高台寺〉

豊臣秀吉の菩提を弔うため、正妻北政所《きたのまんどころ》が建立し、余生を静かに過ごしたといわれている寺。枯山水の方丈の庭の枝垂桜が、夜のライトアップ時にはアーティスティックな光のもとで一層華やぎ、幽玄な世界が夜空に映る。（地図P27㋭）

〈桜メモ〉3月下旬〜4月上旬／枝垂桜、高台寺桜（里桜）、山桜、染井吉野など約30本

喫茶の心と見る

〈建仁寺〉

お稽古帰りの舞妓さんや芸妓さんが行き交う石畳の花見小路から南へ歩けば、ちょうど塀ごしに染井吉野が誘うように咲いている。日本最古の禅寺の境内は、のどかで落ち着きがあり、のんびり昼寝をする猫の姿も見られる。本数は多くないが、境内には染井吉野が点在し、ゆったりと散歩できる場所だ。「喫茶養生記《きっさようじょうき》」を書き「日本の茶祖」（中国より茶種を持ち帰り栽培し、普及に努めた）として知られている栄西禅師の茶碑の横には、小ぶりながらも碑に降り注ぐように咲く枝垂桜がある。（地図P27㋥）

〈桜メモ〉4月上旬／染井吉野、枝垂桜など約10本

寄り道メモ

〈建仁寺〉

裏具《うらぐ》

静かな路地裏にひっそりと佇む元お茶屋さんだった所。ぽち袋、葉書、便箋など和モダンで新鮮なデザインの紙ものが並ぶ。個性あふれる「まめも」はおみやげに。

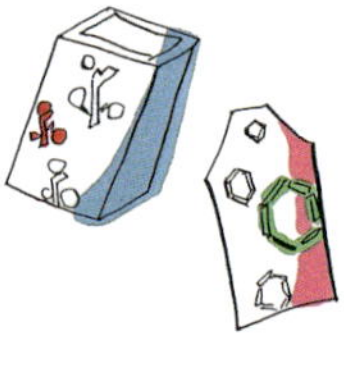

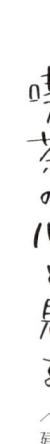

三門と見る

〈知恩院〉

日本一を誇る壮大で厳粛な二重門を讃えるかのように、染井吉野が花を添える。長い階段を上りきると本堂周辺の染井吉野に華やかに迎えられ、境内の桜は一本ごとに落ち着きある表情をしている。北門そばには「美幸」と名付けられた枝垂桜がひっそりと愛らしく咲く。「知恩院の七不思議」の中でも、静かに歩こうとするほど鶯の鳴き声のような音がする「鶯張りの廊下」は、ぜひ立ち寄ってみたい。ほかに「抜け雀」や「三方正面真向の猫」など見所も多い。

（地図P27㋺）

〈桜メモ〉3月下旬～4月上旬／枝垂桜、染井吉野など約220本

力強さと見る

〈安祥院《あんしょういん》〉

安祥院の桜を初めて見つけたのは、夏の暑い盛りだった。濃い緑の葉をたずさえる老木に、桜の季節への期待感で胸が高鳴った。そして、春――。こぢんまりとした境内の大半を埋めつくす桜の力に圧倒された。深い緑の苔をまとった太い幹から直に花を咲かせる姿は、力強い生命力にあふれている。

（地図P27㋬）

〈桜メモ〉4月上旬／八重の山桜

樹齢200年弱、京都市指定保存樹

〈建仁寺〉

蒼穹《そうきゅう》

気軽にお茶のお供にしたい袋菓子など、良質な素材を使った素朴でおいしいお菓子屋さん。店内の佇まいや包み紙も魅力的。全粒粉の塩かりんとうは、おすすめの一品。

建築と見る・作品と見る
〈京都国立博物館〉

印象深い赤煉瓦色のデコラティブな柵と桜

趣きある明治時代の建築は、ヨーロッパのバロック様式を取り入れた宮廷建築家、片山東熊《とうくま》の設計。赤煉瓦の正門の傍らの枝垂桜が満開になる頃、池の方から、ロダンの彫刻「考える人」と門と桜という贅沢な風景を写真におさめたい。東の庭には朝鮮半島から伝わる石彫像が展示され、桜、桃、ツツジ、藤など四季折々の花が楽しめる。広い空と、ほどよい間隔に咲く染井吉野を、ベンチに座りのんびり眺められる。訪れる人も少ないので、作品と桜との対話にゆっくり心を傾けることができる貴重な庭。（地図P27㊦）

〈桜メモ〉3月下旬～4月上旬／山桜、染井吉野、枝垂桜、八重桜

重要文化財指定の正門と枝垂桜（工事のため2013年まで景観が変わります）

歴史をたどりながら見る〈養源院〉

養源院は、秀吉の側室・淀殿が父浅井長政供養のため建立。その後淀殿の妹（大河ドラマ『江』のヒロイン）徳川秀忠夫人が再建した。参道から本堂へとさしかかる入口で、天から降り注ぐ紅枝垂に迎えられる（写真）。また、枝垂桜よりも早い時期には、樹齢200年を超える大木の山桜にも出会える。そのほか、戦《いくさ》の折、血で染まった伏見城の廊下板を供養のため使ったといわれる血天井や、俵屋宗達の奇抜で迫力ある杉戸絵、白象、唐獅子、麒麟も、必ず目に焼き付けておきたい。

（地図P27㋠）

〈桜メモ〉3月下旬～4月上旬／山桜、八重紅枝垂、染井吉野、山桜など約20本

寄り道メモ

味不二庵《みふじあん》

創業七十余年の製餡屋さん。三富士せんべいに好みの量の餡を自分で詰め、作りたてのパリパリとした食感の手作り最中が味わえる。

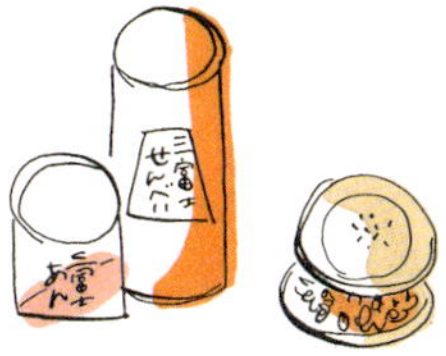

コラム①〈桜あそび〉

お花見の宴は812年、嵯峨天皇が神泉苑にて開いたものがはじまりとされる。庶民の間に広まったのは、江戸時代に入ってからのこと。千年を超える時の中、桜は人の心を魅了し続けてきたことになる。

京都に暮らしていると、公園、川、寺社など町のあちこちで咲き誇る桜のおかげで、一歩表に出ればお花見気分。この沸き立つ気持ちを友人たちと分かち合いたくて、毎年「どんなお花見会にしよう？」とわくわくしながらあれこれ桜あそびに思いを巡らせている。

《正しいお花見の3ケ条》

①幹の根元にビニールシートを敷きつめるのはやめましょう。（桜も呼吸をしています）

②桜の根元を踏まないようにしましょう。
（桜も生きています）

③つぼみから桜吹雪の時期まで、
いろいろな表情の桜を楽しみましょう。
（お花見時期は、意外と長いのです）

鴨川でパン・ピクニック

京都の街をゆったりと流れる鴨川は、毎日の暮らしに寄り添う大切な存在だ。水鳥が舞い遊ぶ姿に癒され、ふかふかのクローバーの絨毯《じゅうたん》の上でお弁当を食べる。

パン好きの仲間と持ち寄りで「フルーツサンドと桜にちなんだパンのお花見会」。染井吉野の桜並木が美しい鴨川、出町柳あたりに集合する。「ホソカワ」の春限定あまおう苺サンドとフルーツサンド、「ヤオイソ」の定番フルーツサンド、口の中で春が駆け抜ける「まるき製パン所」の桜あんぱん、さくさくとした食感が気持ちいい「TOCOHA BAKERY」の桜サンライズ。ポットにはあたたかい珈琲を。桜に包まれながら、おいしいものをいただくしあわせな時間。

御苑で野点

「桜の宝庫」でもある京都御苑の近衛邸跡。枝垂桜が糸のように空から降り注ぐ場所に赤い毛布を敷き、皆で天を仰ぎ、満開の桜に酔いしれながら、普段使いの道具で気軽に野点ごっこと春の和菓子を楽しむ。お抹茶は「伊藤柳櫻園茶舗」の春限定「小櫻」を。予約しないと味わえない菓子舗「嘯月《しょうげつ》」と「聚洸《じゅこう》」の和菓子が今日の主役。箱を開けた途端にわっと歓声が上がる。淡いほのかな色や形にも春への思いがあふれていて、和菓子につけられた名前からも春を感じられる。

一番上から時計回りに「春のかほり」（聚洸）→「春景色」（嘯月）→「花宴」（聚洸）→「たわむれ」（嘯月）→「芽ぶきの春」（嘯月）→「春の道」（聚洸）→「春の山」（嘯月）

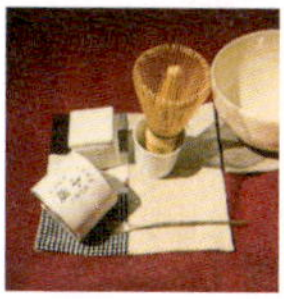

とっておきのお花見弁当

春の「外ごはん」は特別だ。「花七日」「花十日」という言葉があるように、桜はずっと待っていてはくれないのだ。この一瞬のいのちを謳歌して咲く花を見ながら、箸運ぶごとに、うれしさが込み上げ、元気になっていく。お花見弁当は一人でも楽しいが、二人、三人と人数が多くなるほど、そのうれしさとおいしさを分かち合えて喜びも増す気がする。

清水五条駅にほど近い麩の老舗、半兵衛麩の二階、お辨當箱《べんとうばこ》博物館では、江戸時代に使用された公家のお花見弁当箱の展示を観ることができる。ため息が出るほど美しい桜の細工、遊び心あふれる造形に先人の雅なお花見の情景が浮かぶ。

京都の数ある仕出し屋さんのお弁当を楽しむこともお花見の醍醐味。祇園、新門前通の伝統ある仕出し専門店「菱岩《ひしいわ》」。季節の焚き物、焼き物、酢の物など、彩

りも美しい。昔の面影が残るのれんをくぐり、予約したお弁当を受け取りに行くのも楽しみのひとつだ。もう一軒は、銀閣寺道の出張茶懐石専門店「三友居《さんゆうきょ》」。竹籠には、桜の掛け紙に紅白の紐。開けば春の庭のように趣向がこらされた旬のお惣菜の数々。どちらも、うららかなひとときの贈り物のようなお弁当だ。お弁当に添えるお茶には「一保堂茶舗」の三角茶袋、煎茶「雁ヶ音」を。茎特有のさわやかな香りと甘みのあるお茶で、個包装なので持ち運びにとても便利。

春の特別なお弁当を食べるにふさわしい場所は、「菱岩」なら、ほど近い八坂神社北側の道から入ったあたり、染井吉野のそばのベンチで。「三友居」なら、哲学の道のベンチ、真如堂のピクニックベンチも人が少なくて落ち着ける。京都御苑に流れる出水の小川沿い、低木の里桜のもとでしっぽり味わうのもいい。

（P35-36のお店の情報はP124～にあります）

洛中 1

のんびりお花見を楽しめる広大な京都御苑をはじめ、静かに心に残る桜と向き合える穴場も多い。

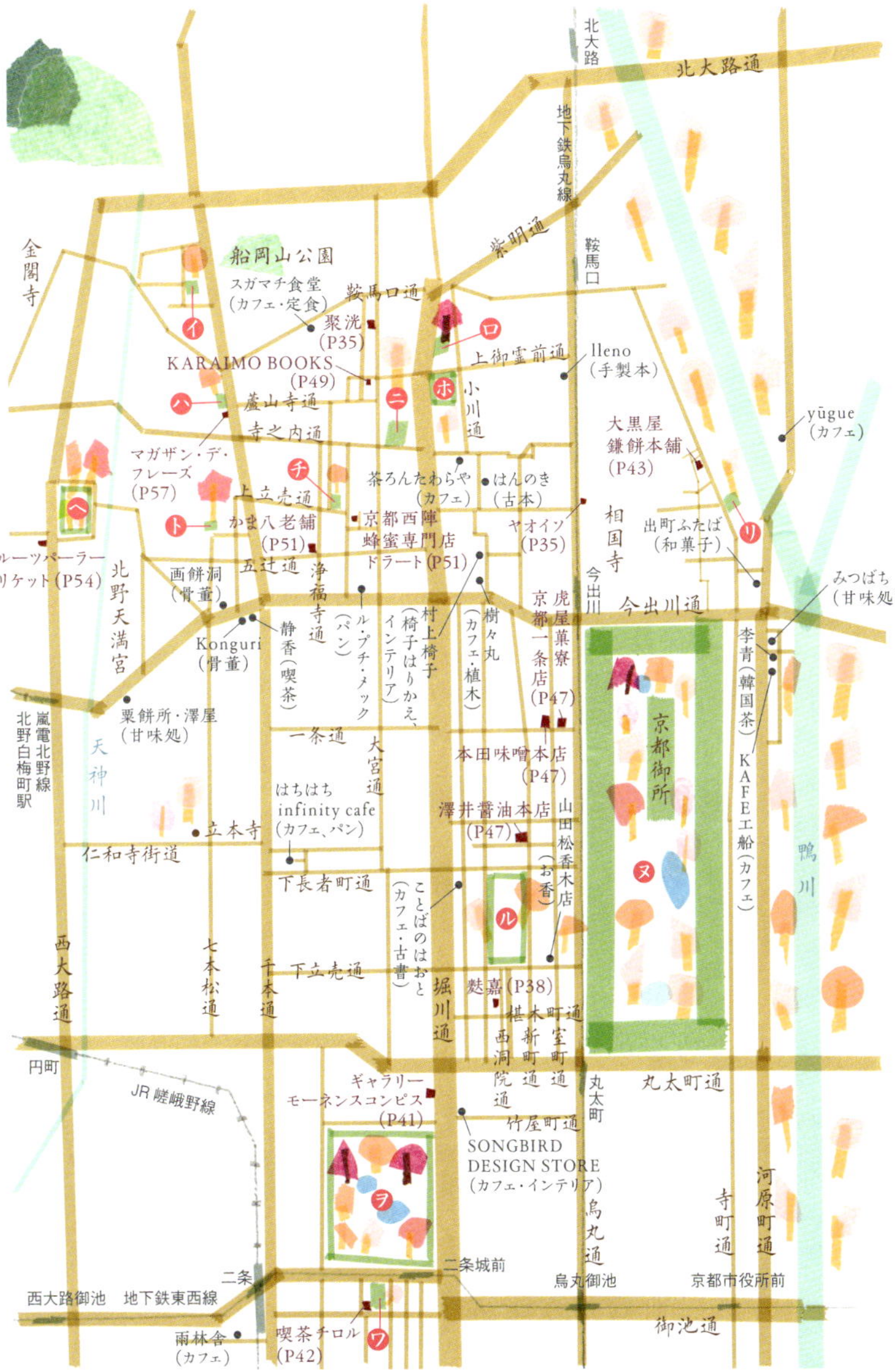

桜スポット　　■…寄り道スポット

イ…上品蓮台寺（P57）
ロ…水火天満宮（P48）
ハ…千本ゑんま堂（P56）
ニ…妙蓮寺（P49）
ホ…本法寺（P48）
ヘ…平野神社（P54）
ト…千本釈迦堂（P52）
チ…雨宝院（P50）
リ…本満寺（P43）
ヌ…京都御苑（P44）
ル…京都府庁旧本館（P38）
ヲ…元離宮二条城（P40）
ワ…神泉苑（P42）

窓ごしに見る建物を見る

〈京都府庁旧本館〉

旧本館、正面階段の窓ごしに、一面に広がる枝垂桜を見る

寄り道メモ

麩嘉《ふうか》

桜麩饅頭は、3月中旬から桜の開花時期に合わせて販売。桜の葉に包まれた生麩に水尾のゆず味噌とこし餡が入っていてなめらかな味わい。笹の葉でちまき包みされた麩饅頭も風味豊か。

時がとまったままの古い洋館、紙と古びた木の匂い、アーチ状に弧を描く窓、波うつガラスと枝垂桜。明治37年に建てられたルネサンス様式の建築で、重要文化財にも指定されている。明治、大正時代の名庭師、七代目・小川治兵衛の設計による中庭。中央の枝垂桜は、十六代・佐野藤右衛門氏が先代とともに、昭和30年代に円山公園の枝垂桜の実生木（種から育った木）を植えたもので、円山公園の初代枝垂桜の孫になる。回廊式の廊下を歩くと、様々な角度から桜の様子をうかがえる。ぼんやりとできるひとりだけの時間を楽しみ、窓ごしに艶やかな枝垂桜を眺めていると、映画のワンシーンを見ているようで、離れがたくなる。（地図P37㋸）

〈桜メモ〉3月下旬〜4月上旬／枝垂桜、大島桜、山桜、紅枝垂（八重、一重）の5種類6本

右／桜麩饅頭
5個入り
1155円
左／麩饅頭
5個入り
1100円
（前日までに
要予約）

庭と見る

〈元離宮二条城〉

①

徳川家康によって造営された二条城は、日本が誇る世界遺産。その荘重さゆえ、どこか遠い存在のように感じてしまう。でも桜の季節は広大なスケールのもとで、次から次へと展開してゆく桜色の景色の中で可憐な花々に出会い、感嘆の言葉をつくしたい。ため息をつきながら城内を巡り、もう終わってしまうのかと思った頃、追いうちをかけるように紅に染まる八重紅枝垂の舞いでエンディングとなる。２０１０年冬には城内の改修工事が始まり、新しい姿に生まれ変わるそう。（地図Ｐ37㋾）

②

〈桜メモ〉3月下旬～4月下旬／山桜（約110本）、八重紅枝垂（約50本）、白妙（しろたえ）、芝山、妹背（いもせ）、白雪、簪（かんざし）、佐野桜、関山（かんざん）、戻桜、琴平八重など里桜（約120本）、ほか染井吉野など、計50種約400本

①八重紅枝垂と染井吉野の並木
②小ぶりの可憐な紅枝垂
③二の丸庭園の里桜「御車返し」

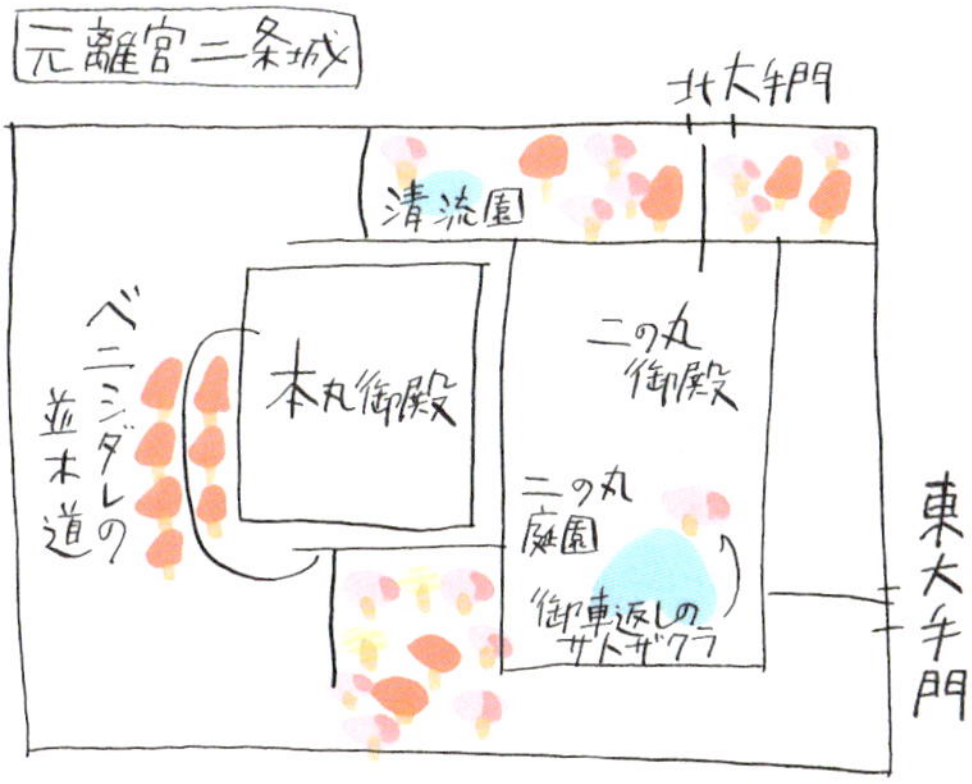

寄り道メモ

ギャラリー モーネンス コンピス

工場の一角、古ビルの階段を上ると広がるギャラリー。二十四節気で分けた作品展やモーネ好みの紙、豆皿、かき文字のスタンプや作家の作品が並ぶ。眺めているだけでも楽しい陶器のボタンも。

池と見る

〈神泉苑〉

善女龍王《ぜんにょりゅうおう》が住むといわれる神泉苑の池には龍頭舟《りゅうとうせん》が浮かび、染井吉野が華やかに彩りを見せる。今からおよそ1200年前、嵯峨天皇が初めて観桜会を催し、文人に花を愛でる詩を作らせたという、お花見会の起源ともいえる伝説の地。また、雨の神様が住まうこの苑で「義経と静御前が出会った」という言い伝えもある。散りはじめの頃には池の水面に花筏《はないかだ》がふわふわと静かに舞う。朱色の法成橋の上からかつてのロマンスに想いを馳せながら桜を眺めてみよう。（地図P37㋻）

〈桜メモ〉
4月上旬／染井吉野、紅枝垂桜、大島桜など

寄り道メモ

喫茶チロル

ストライプのテントがついた山小屋風のレトロな外観。昔ながらの素朴でなつかしい味のサンドイッチや名物のカレーを。チロルハットのイラストが人気のマッチはぜひ記念に。

一人静かに見る〈本満寺〉

本満寺の門をくぐると、予想もしなかった桜の姿に誰もがはっと息をのむ。花のそばから離れず、いつまでもただ呆然と立ち尽くす。何かに惑わされることなく、すっとまっすぐに空へのびる枝垂桜は、手が届きそうなところにあるのに、その凛とした気品に満ちあふれる美しさゆえ、遠く感じるほど。のちに円山公園のあの名木の枝垂桜と姉妹樹であることを知り、愛おしさは一層ふくらんだ。（地図P37 ㋷）

〈桜メモ〉3月下旬～4月上旬／枝垂桜、染井吉野など

大黒屋鎌餅本舗

路地にひっそりと古い佇まいを残す、創業明治30年の老舗。名物の御鎌餅は、ふわふわとやわらかなお餅に黒糖がほのかに香るこくのある味。

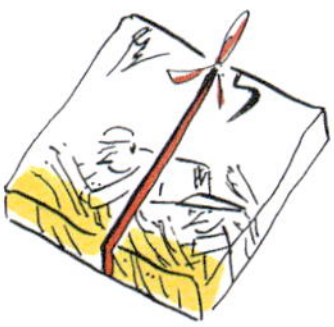

包まれて見る

〈京都御苑〉

心地良さと清い空気の流れ、戯れる鳥の声、樹齢数百年の樹々。京都御苑は訪れるたびに発見がある。季節ごとに変化を告げ、毎日同じと感じる時はない。切株に座り、ただじっと一本の山桜を見つめる人、低く垂れ込めた桜の下で昼寝をする人。人々がおもいおもいに桜との時間を過ごす場所。林の中、松と山桜の織りなす静かで厳かな風景は、足の裏でしっかりと土を感じ、ゆっくりと歩いて眺めたい。苑内で最も早く咲く近衛邸跡の糸桜のもとに立てば、うららかな花の編み目に身も心もすっぽりと包まれる。4月上旬、八重紅枝垂の華やかな饗宴に時を忘れ、一日中眺めていたくなる。（地図P37㋦）

〈桜メモ〉3月中旬～4月中旬／近衛邸跡の糸桜（枝垂桜）約60本（3月中旬から下旬が見頃）、左近の桜、御所御車返（通称・車還桜）、染井吉野、枝垂桜、山桜、大島桜など約1100本

〈P44‐45〉近衛邸跡の池の糸桜（枝垂桜）
①近衛邸跡付近、華奢な糸桜
②石薬師御門前の江戸彼岸
③母と子の森にて
④出水の小川の大きな紅枝垂
⑤出水の小川の里桜
⑥菊亭家跡、御所御車返

◎京都御苑の三大桜とは

【御所紫宸殿《ししんでん》の左近の桜】〈写真なし〉
「右近の橘、左近の桜」で知られている。
春の一般公開時にタイミングが良ければ見ることも。

【菊亭家跡の御所御車返《ごしょみくるまがえし》（車還桜《くるまがえしざくら》）】〈写真⑥〉
ひとつの木に、一重と八重の紅の濃い花が入り混じって咲いている姿を見て、あまりの美しさに後水尾天皇が御車を引き返させたという言い伝えがある。

【近衛邸跡の糸桜】〈写真P44－45〉
孝明天皇が多くの歌に詠われたほど、古くから尊ばれてきた桜。現在の樹は、戦後植栽されたものと思われる。

③

⑥

寄り道メモ

虎屋菓寮　京都一条店
気持ちよい店内で庭の景色を眺めながらお菓子とお茶を。本棚に菓子や茶道などに関する蔵書も。

本田味噌本店
1830年創業。伝承の技と職人の五感を大切に作られる味噌。春限定「あて味噌　ふきみそ」も。

澤井醤油本店
明治12年の創業から薪を使う変わらぬ手法。白壁の土蔵に木造の家屋、店内には大きな樽が並ぶ。

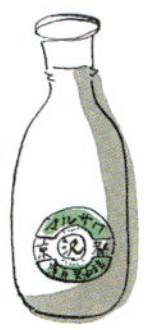

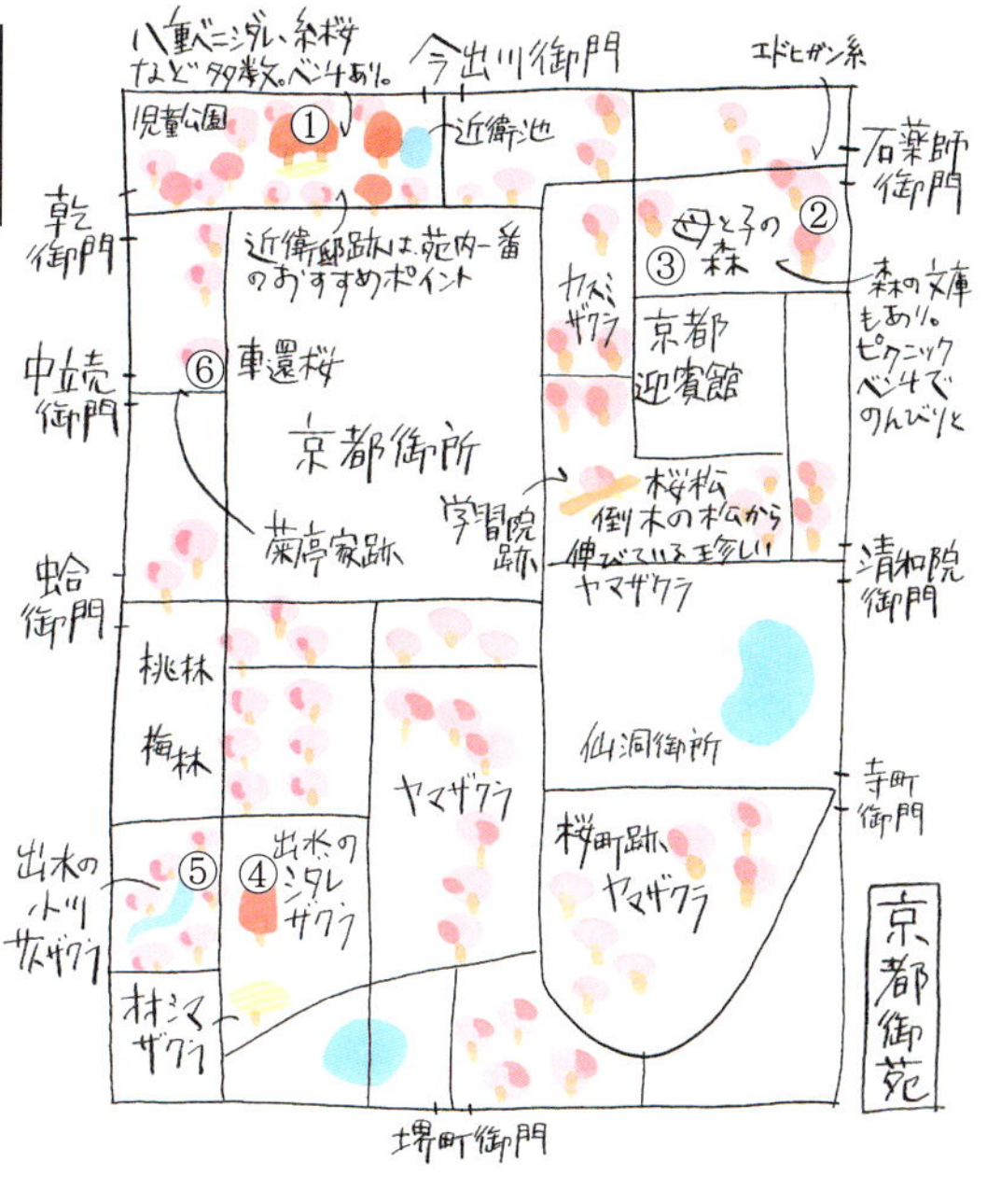

ひっそりと見る

〈本法寺《ほんぽうじ》〉

古都の風情を色濃く残す静かな佇まいの小川通。町家造りの茶器店や表千家、裏千家など茶道に関わる人の姿が往来する。まずは、仁王門から石畳ごしに白く映える花々の姿を楽しむ。戦国時代の画家、長谷川等伯も眠るひっそりとした境内は花の頃も静寂に包まれていて、多宝塔横や本堂前の染井吉野の古木をひとり占めできる。等伯作「仏涅槃図」や本阿弥光悦作、枯山水の「巴の庭」もぜひ見ておきたい。ほど近い「俵屋吉富　茶ろんたわらや」でお茶と春色の和菓子を。（地図P37㋭）

〈桜メモ〉3月下旬～4月上旬／染井吉野5本

石の逸話を知って見る

〈水火天満宮《すいかてんまんぐう》〉

京都の暮らしの中で、石の存在はとても大きい。「通りの角にある石にはぜったい登ったらあかんよ」。幼い頃よりそう教えられる。鬼門除けの石など、石にまつわる逸話は多く、暮らしの中で自然と「石」の大切さを学んでいった。日本で初めての水難火難除けの神様を祀ったこの場所には、三つの不思議な石がある。鴨川が氾濫した折、菅原道真公が降り立ったという「登天石《とうてんせき》」、大願成就の「出世石」、妊娠5ヶ月目に拝むと安産になるという「玉子石」。春になると、こぢんまりとした境内の空を2本の紅枝垂が覆いつくす。（地図P37㋺）

〈桜メモ〉3月下旬～4月上旬／紅枝垂2本

恋の成就を願って見る

〈妙蓮寺〉

妙蓮寺の淡い紅色の桜の花びらに想いを寄せて願いをこめる。いつの頃からか、この桜の「散った花びら」を持ち帰ると恋が実るといわれるようになり、手のひらにそっと拾いあげハンカチに包み帰る女性の姿も見られる。豆桜と江戸彼岸の栽培品種で「十月桜」という桜を、ここでは「御会式桜《おえしきざくら》」と呼ぶ。日蓮大聖人が入滅された10月13日前後より咲きはじめ、4月8日のお釈迦様の生まれた日の頃が満開となる珍しい桜といわれている。また、長谷川一派の代表作「松桜図」や長谷川等伯の息子、宗宅による「吉野桜図」も見ておきたい。（地図P37 ㊁）

〈桜メモ〉3月中旬～4月上旬／染井吉野など12本。御会式桜は10月に咲き始め4月頃に満開になる

寄り道メモ

KARAIMO BOOKS

町家の佇まいを残す古本屋。水俣に魅せられた店主のちょっとクセのある品揃えが魅力。本に囲まれてお茶や店主の母手製の熊本の郷土菓子「いきなりだんご」などが楽しめて、ほっと和める。

雨の日に見る

〈雨宝院〉

隠れた花の名所としても密かに知られ、境内では四季折々の花がいつもやさしく迎え入れてくれる。花々が最も喜ぶ春になると淡紅色の空が一面に広がり、6種類の桜を一度に眺めることができる。観音桜をはじめ、どの桜もここでは、やわらかく穏やかでやさしい観音様のような顔をして咲いている。訪れるなら散りはじめの頃、雨の昼下がり。雫を抱えた花々は、しっとりと憂いを帯び、歓喜桜が雪のようにはらはらと静かに舞い、小さな石畳や緑の上に降りつもる。透明の傘ごしに見る桜は、どこまでも淡くやさしく包みこんでくれる。皇族の親王が境内の空を這う赤松のもとで雨宿りをしたという「時雨の松」の姿も。ここは、京都で一番春の雨が似合う。（地図P37㋠）

〈桜メモ〉4月上旬～下旬／枝垂桜、紅枝垂、観音桜、歓喜桜、松月（しょうげつ）、御衣黄（ぎょいこう）など12本

雨の中、散りはじめを
石畳と見る

上／築地塀（ついじべい）
と歓喜桜を見る
下／傘ごしに
松月を見る

寄り道メモ

かま八老舗

1806年創業、六代目の店主が受け継ぐご近所になじみの和菓子店。名物の生姜風味のどらやき「月心」やしっとりとふんわり優しい風味のカステラが人気。

京都西陣蜂蜜専門店
ドラート

細い路地の町家の店内に、宝石のように蜂蜜瓶が並ぶ。桜、クローバーをはじめ、様々な花の蜂蜜を試食しながらゆっくりと楽しんで選べる。

おかめさんの逸話を知って見る

〈千本釈迦堂〉

「おかめさん」の存在を知っていますか？　家を建てる時のこと。「おかめさん持ってきたで」。建築士の友人が棟上げ式の時に手にしていたものは、おかめさん（お多福さん顔の女性）の面がついた御幣《ごへい》だった。今も我が家の屋根裏で、おかめさんはわたしたちを見守っていてくれる。その昔、棟梁、高次《たかつぐ》が千本釈迦堂の本堂を造営の折、貴重な柱の寸法を誤って切ってしまい、途方に暮れていたところ、妻のおかめが「短い柱に合わせてすべての柱を切ればよい」と提案し、無事本堂を完成。しかし妻の助言が世間に知れては夫の恥と、上棟式の前日におかめは自害してしまう。高次は妻の心情にうたれ、上棟式で御幣におかめの面を飾り冥福を祈ったという。その後、たび重なる戦火にも本堂だけは奇跡的に残ったことなどから、厄除け、招福のおかめ信仰となっている。大工の信仰を得て、今でも京都では家の棟上げにおかめさんの御幣を飾る習慣となったそうだ。この

おかめ伝説にちなんだ桜「阿亀《おかめ》桜」があると知り、春を待ち、会いにいった。本堂の前に咲く一本の大きな枝垂桜。どこか清楚で控えめな印象だ。その傍らには、ふくよかな顔のおかめさんの像が佇んでいた。大きく左右に枝をはりめぐらし、地面にまで降り注ぐほのかな桜色の花々。花の内側に立つと、あたたかな両腕に、ふわりとやさしく包み込まれているよう。「だいじょうぶ。だいじょうぶ。あなたの力になるから安心して」。夫にささやいたおかめさんの声が聞こえるだろうか？ いつまでも立ち尽くし眺めていると、じわり涙がこぼれそうになった。

（地図P37㊦）

〈桜メモ〉3月下旬～4月上旬／枝垂桜1本

上／桜のそばでは、いつもおかめさんが見守っている

たくさんの種類に酔いしれて見る

〈平野神社〉

3月の中頃、神門前。一本の白い一重の枝垂桜、魁《さきがけ》桜がお花見の季節到来を告げる。花を幾重にも折り重ね、八重桜の神紋が施された桜色の袖をゆるやかにふり、手招きをしているよう。50種類の桜を誇る境内で最も早く（3月10日頃）参道右手記念碑横の桃桜が声をあげ、4月末頃に突羽根《つくばね》桜で千秋楽を迎える。一ヶ月の間、訪れるたびに桜の主役は入れ替わり、人々の目を楽しませてくれる。陽が沈むと屋台が賑わい「平野の夜桜」と呼ばれるほど、多くの人が春宵に浮かぶ桜と花見酒に酔いしれる。（地図P37㋬）

〈桜メモ〉3月中旬〜4月下旬／桃桜、魁、枝垂桜、山桜、染井吉野など。約50種類、約400本

寄り道メモ

フルーツパーラークリケット

昭和のなつかしい雰囲気。グレープフルーツなど柑橘系の中身をくりぬいて容器にしたなめらかなゼリーやフルーツサンドを。

①神門左側の魁桜

②境内拝殿横の紅枝垂

③青空にぽっかり浮かぶ桜苑の瓢箪桜

④本殿の内側からあふれる白雲桜

⑤参道右手記念碑横の桃桜

⑥普賢象（ふげんぞう）。室町時代からある品種。薄紅色から満開時には白い花へ

⑦一葉（いちよう）。淡紅色で開花し徐々に白へ。花の中心に葉化した1本の雌しべ

⑧平野妹背（ひらのいもせ）

⑨竹の柵に桜のかんざし

⑩突羽根桜。１７０枚の花びら、菊桜のような紅色の花

⑪庭桜（にわざくら）。低木の枝に八重咲きの小花

⑫猿田彦鳥居横の陽光桜

⑬秋から春にかけて咲く社務所前の寒桜

⑭桜苑入口付近の枝垂桜

⑮長い枝の周りに花が群れてつく姿が、虎の尾に似ている虎の尾桜

⑯桜苑の雪山桜

⑰平野撫子（ひらのなでしこ）。淡紅色の花に撫子の花に似た切り込み

⑱御衣黄（ぎょいこう）。黄緑色の花に濃い緑と紅の線がある珍品種

⑲合櫻守（あわせざくらまもり）。願い事を書いて花を合わせるお守り。桜の香りも

⑳開運桜。色鮮やかで香りが強い八重桜の花の塩漬

㉑開運さくら湯と三色の平野桜露。観桜期のみ境内にて

㉒関山（かんざん）。八重の大輪で華やかな濃紅色。花の塩漬けにも

㉓桜みくじ。桜の名前の特徴と印象が書いてある短冊入り

⑧	⑦	⑥	⑤	④	②	①
⑬	⑫	⑪	⑩	⑨		
⑱	⑰	⑯	⑮	⑭	③	
㉓	㉒	㉑	⑳	⑲		

◎平野神社発祥の桜品種とは

【平野《ひらの》妹背《いもせ》】
淡い紅色、20枚〜40枚の花びら。実を結ぶときに、柄の先にふたつの赤い実をつけることから妹背（夫婦や仲良しの恋人）と呼ばれている。

【寝覚《ねざめ》】
白色の一重で葉と同時に開花し、目が覚めるような美しさ。

【手弱女《たおやめ》】
丸く大きな花の中心部は白く、先端は濃淡がある紅色。若芽は紅紫色で、しとやかな女性のような印象。

ほかに、衣笠《きぬがさ》、突羽根《つくばね》がある。

境内にて、桜にちなんだ授与品や桜小物を見つけるのも楽しみのひとつ。

【妹背桜守り】
平野妹背桜のように、仲睦まじい夫婦（恋人）でありますように。良縁のお守り。

【桜の芽の輪《ち》】
玄関先に飾り、疫病や罪穢《つみけが》れを祓う。

【桜の石けん】
桜の花びらをかたどった小さな石けんは、おみやげに。

散り際を見る

〈千本ゑんま堂〉

千本商店街の一角に、するどい目つきの閻魔《えんま》様が鎮座する。街中の桜の華やぎが一段落する頃、紫式部供養塔を包むように「ゑんま堂普賢象桜」が咲き誇る。中心から出る二本の葉化した雌しべが、普賢菩薩が乗る白象の牙を思わせることから名付けられた。薄紅をおびたふくよかな花びらを持ち、散る時は花冠のまま静かにぽとりと落ちる。このあたりは古来、葬送地の入口で、刑場に送られる囚人にその散る様を見せ、仏心を起こさせたという言い伝えが残っている。（地図P37㊇）

〈桜メモ〉4月中旬／普賢象、関山、琴平など9本

関山

落ち着いてゆっくりと見る

〈上品蓮台寺《じょうぼんれんだいじ》〉

少し葉も芽吹きはじめた頃の枝垂桜も愛らしい

千本通沿い、長い築地塀の向こうに静かに広がる桜の園。上品蓮台寺は聖徳太子が母の菩提を弔うために創建したと伝えられている。訪れる人は少なく、ひっそりと落ち着いて桜と向き合う時間をもつことができる（庭のみ見学可能）。染井吉野や里桜など数種類に及ぶ花の中、まばゆい紅枝垂が誇らしげな表情をしている。

（地図P37 ㋑）

〈桜メモ〉4月上旬〜中旬／紅枝垂、染井吉野など約10本

つくばいの水面に浮かぶ姿を愛でる

寄り道メモ

〈千本ゑんま堂〉

マガザン・デ・フレーズ

（サロン／ル サロン セレクショネ）

いちご好きにはたまらない通年いちごのお菓子がある菓子店。パリのような雰囲気の小さなサロンでお茶と焼き菓子などが楽しめる。春限定で桜のマカロンやいちごの桜餅なども。

洛中2

繁華街の中、
寄り道を楽しみながら、
ほっと落ち着ける桜所で
ひとやすみ。

■…寄り道スポット

桜スポット

イ…鴨川(P62)
ロ…高瀬川(P63)
ハ…六角堂(P60)
ニ…佛光寺(P61)
ホ…渉成園(P64)
ヘ…六孫王神社(P64)

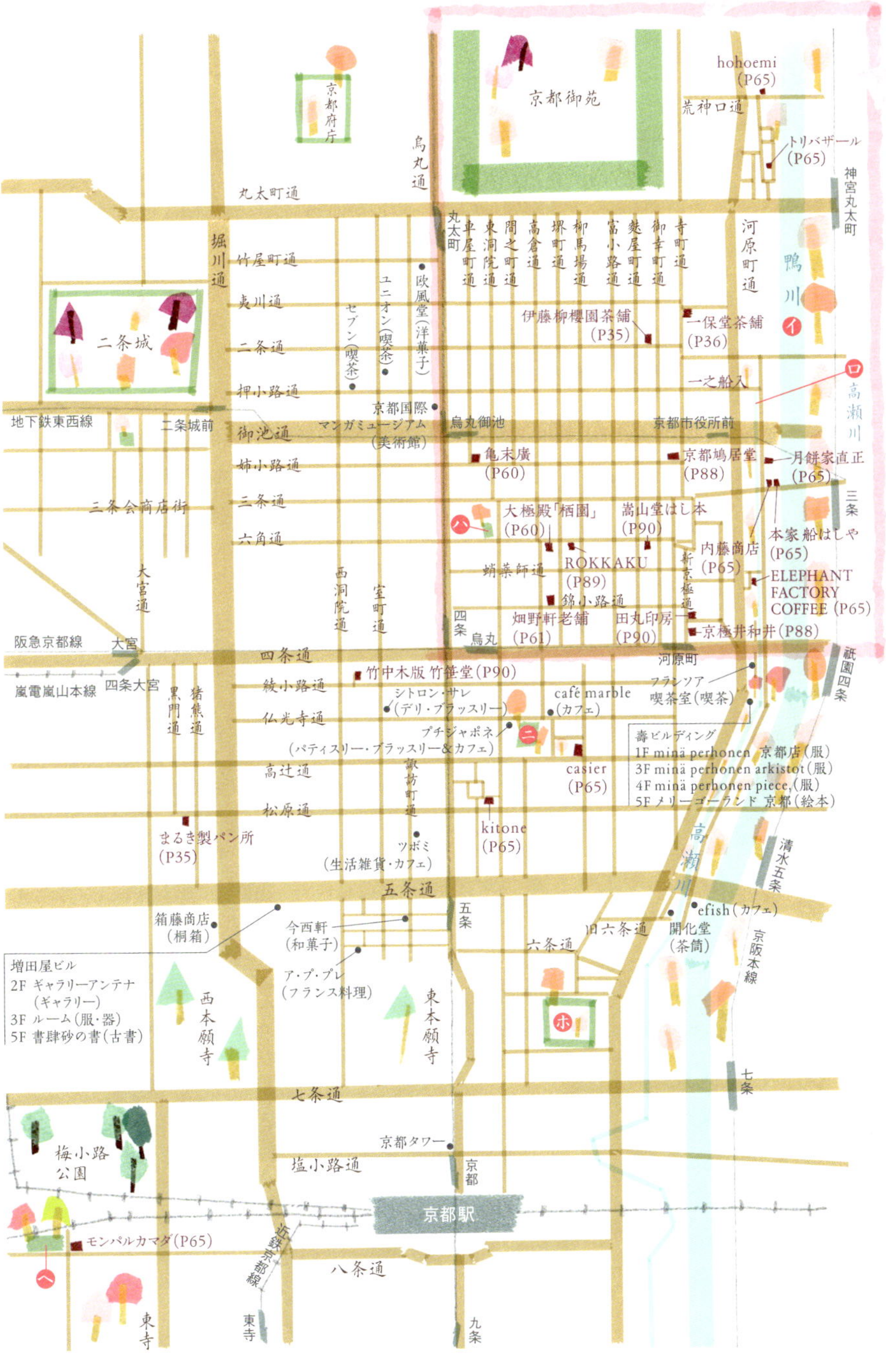

京都御苑
hohoemi
(P65)
荒神口通
トリバザール
(P65)
神宮丸太町
京都府庁
烏丸通
丸太町通
丸太町
車屋町通
東洞院通
間之町通
高倉通
堺町通
柳馬場通
富小路通
麩屋町通
御幸町通
寺町通
河原町通
鴨川
イ
堀川通
竹屋町通
夷川通
二条通
押小路通
御池通
姉小路通
三条通
六角通
二条城
欧風堂(洋菓子)
ユニオン(喫茶)
セブン(喫茶)
伊藤柳櫻園茶舗
(P35)
一保堂茶舗
(P36)
一之船入
ロ
高瀬川
京都国際マンガミュージアム(美術館)
烏丸御池
京都市役所前
地下鉄東西線
二条城前
亀末廣
(P60)
京都鳩居堂
(P88)
月餅家直正
(P65)
三条
三条会商店街
ハ
大極殿「栖園」
(P60)
嵩山堂はし本
(P90)
本家船はしや
(P65)
内藤商店
(P65)
新京極通
ELEPHANT
FACTORY
COFFEE (P65)
蛸薬師通
ROKKAKU
(P89)
錦小路通
畑野軒老舗
(P61)
田丸印房
(P90)
京極井和井(P88)
西洞院通
室町通
大宮通
四条
烏丸
阪急京都線
大宮
四条通
河原町
祇園四条
嵐電嵐山本線
四条大宮
竹中木版 竹笹堂(P90)
綾小路通
フランソア
喫茶室(喫茶)
シトロン・サレ
(デリ・ブラッスリー)
café marble
(カフェ)
仏光寺通
黒門通
猪熊通
プチジャポネ
(パティスリー・ブラッスリー&カフェ)
ニ
壽ビルディング
1F minä perhonen 京都店(服)
3F minä perhonen arkistot(服)
4F minä perhonen piece,(服)
5F メリーゴーランド 京都(絵本)
casier
(P65)
高辻通
諏訪町通
松原通
kitone
(P65)
まるき製パン所
(P35)
ツボミ
(生活雑貨・カフェ)
高瀬川
清水五条
五条通
efish(カフェ)
五条
箱藤商店
(桐箱)
今西軒
(和菓子)
旧六条通
開化堂
(茶筒)
六条通
京阪本線
増田屋ビル
2F ギャラリーアンテナ
(ギャラリー)
3F ルーム(服・器)
5F 書肆砂の書(古書)
ア・プ・プレ
(フランス料理)
西本願寺
東本願寺
ホ
七条通
七条
梅小路公園
京都タワー
塩小路通
京都
京都駅
近鉄京都線
モンパルカマダ(P65)
ヘ
八条通
東寺
東寺
九条

色の移り変わりを見る 傘の下で見る

〈六角堂〉

京都の中心、オフィスビルの谷間に聖徳太子創建の寺、六角堂はある。境内に立ち並ぶたくさんの十六羅漢と邪鬼の頭上に、「御幸桜《みゆきざくら》」が天女の和傘のようにふわりと広がる。咲きはじめは静かに白く、日ごと頬を染めるようにほのかな桜色になり、散りゆく頃は朱華色《はねず》へと色が変わる桜として知られている。地面すれすれに伸びる地ずり柳のもとに絶世の美女があらわれ、良縁に恵まれたという嵯峨天皇の夢枕伝説もある「縁結びの六角柳」に願いをこめておみくじを結んでいこう。

（地図P58・59 ㊇）

〈桜メモ〉3月下旬～4月上旬／枝垂桜（御幸桜）

いけばな発祥の地。花の神様が宿っているかと思わせる、ため息のでる美しさ

とまり木のように
おみくじをつかむ
愛らしい鳩みくじ

寄り道メモ

大極殿《だいごくでん》「栖園《せいえん》」

創業明治18年。桜の開花期間の「桜の琥珀流し」は、美しく、つるりとした喉ごしが気持ちいい。630円

亀末廣《かめすえひろ》

創業1804年。風格と重厚さが感じられる和菓子店。銘菓「京のよすが」は、彩り豊かに愛らしい。小箱入り1000円

町中でほっこりと見る

〈佛光寺〉

佛光寺の本堂前には、宮家お手植えによる三本の八重紅枝垂がしなやかに咲く。京都の町の中心にありながら、とても静かで人も少なく、買い物の途中にふらりと寄り、人ごみの疲れを癒してくれる穴場的存在。向かいの縁側に座って、ご近所の方にまじり、静かにほっこりと眺めるのがおすすめ。（地図P59㊂）

〈桜メモ〉4月上旬〜中旬／染井吉野、八重紅枝垂など10本

畑野軒老舗《はたのけんろうほ》

錦市場で大正時代から庶民に愛されてきた和菓子店。「八重桜あられ」は花見酒のお供にも。1袋380円

自転車で走りながら見る

〈鴨川〉

鴨川は、最も身近な憩いの場所。桜の時期は遠回りをしてでも、ぶらぶらと鴨川沿いの道を通りたくなる。枝垂桜を眺めながら、自転車を走らせるのも気持ちがいい。途中から川沿いの道が狭くなり、急に水の流れが接近してくるが、そこをすり抜けるように走るのが快感だ。上を向いて、さらさらと頬をやさしくなでる桜を感じながら、ぐんぐんと走ってみよう。橋の上から南北両方の桜風景を眺めれば、遠くの山並み、川のうねり、古い町家、様々な背景の桜色の風景がパノラマのように広がっている。（地図P58・59㋑）

〈桜メモ〉3月下旬～4月上旬／染井吉野、枝垂桜

三条大橋南。趣きある歌舞練場に紅色の枝垂桜

川の流れと見る ほろ酔い気分で見る

〈高瀬川〉

木屋町二条下ル「一之船入（いちのふないり）」の染井吉野

高瀬川を拓いた角倉了以《すみのくらりょうい》の功績を讃えるかのように、川沿いに染井吉野が花を降らす。4月中旬頃には、昔の風情を残すレトロな旧立誠小学校のアーチ状の玄関や窓を黄緑色の御衣黄《ぎょいこう》桜や八重の里桜が愛らしく彩る。フランソア喫茶室前の濃いピンクとクリーム色の里桜も愛らしい。夜、ほろ酔い気分で歩くのなら、四条を下がり五条までのあたり。しっとりとした町家の風情を残す料亭が連なり、赤い雪洞《ぼんぼり》の中で染井吉野と柳の若芽が結び合い、そよそよと夜風に流れる。（地図P58・59㋺）

〈桜メモ〉3月下旬～4月中旬／約1キロの桜並木／染井吉野など約200本

浅瀬の水の流れと染井吉野を見る

庭を見る

〈渉成園《しょうせいえん》〉

東本願寺の別邸、渉成園は、周囲に枳殻《からたち》が植えてあったことから、枳殻邸《きこくてい》ともよばれている。枝垂桜に迎えられ園内に入ると、広い池を囲む緑豊かな別世界が広がっていることに驚く。傍花閣《ぼうかかく》付近には、3月中旬より淡紅色の修善寺寒桜がいち早く春の声を告げ、その後、紅枝垂、山桜、染井吉野、ぼたん桜と一ヶ月の間華やぐ。樹々を行き交う鳥の対話に耳を澄ませながら、縮遠亭《しゅくえんてい》から印月池《いんげつち》を望み、水鏡に映し出された四季折々の表情を一年中楽しむことができる。（地図P59 ㋭）

〈桜メモ〉3月中旬～4月中旬／染井吉野、枝垂桜、山桜、修善寺寒桜、八重桜など約50本

遅咲きを見る

〈六孫王神社《ろくそんのう》〉

東寺の近くに佇む小さな六孫王神社は、里桜の名所。染井吉野が終わりを告げた頃に合わせてぜひ訪れたい。神龍池にかかる石橋をほわほわと覆うように、桜色と卵色の里桜が雪洞のトンネルを作り出す。鬱金《うこん》は開花時は卵色だが、散る間際に薄紅色へ変わる。関山《かんざん》、普賢象《ふげんぞう》、薄緑色の御衣黄が4月中旬から咲きはじめる。神社前、壁に大きな時計がかかった昔ながらのパン屋さん「モンパルカマダ」でなつかしい味のお惣菜パンを買って帰るのが楽しみ。（地図P59 ㋬）

〈桜メモ〉染井吉野、大島桜（4月上旬）、鬱金、関山、普賢象、御衣黄（4月中旬）

太鼓橋に里桜のトンネル

寄り道メモ

〈佛光寺〉

casier《カジエ》

パリの裏通りの洗練された雑貨店を思わせる。香りにフランスの文化や人々の物語を秘めた上質のパフュームキャンドル「シール・トゥルドン」や器、フレグランス、欧州のアンティークなどが並び、うっとりとした時が流れる。

kitone《キトネ》

作家の器を中心に木工雑貨や日常の道具が気持ちよく並ぶ。直火焼きの自家製マフィンやスープ、珈琲でゆったりランチやお茶の時間を。古い小引き出しに入っている文房具で自由に便りを書くことも。

〈高瀬川〉

内藤商店

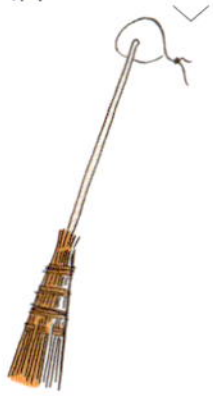

創業より200年、昔ながらの佇まい。自然素材を使い職人の手で丁寧に作られてきた箒や刷毛類。使いこむほどにビロードのようにしなやかに。

本家 船はしや

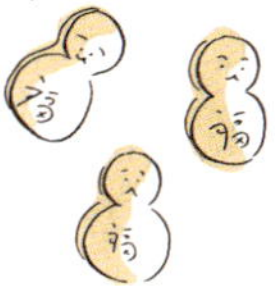

創業明治38年。定番の福だるまをはじめ約200種の豆菓子類が並ぶ。桜の時期限定で松露の串だんごも。

月餅家《つきもちや》直正《なおまさ》

敷石をかたどったお干菓子「角《すみの》倉《くら》」は口の中でほろりと溶けるやさしい味。桜や蝶の舞うかご入りの詰め合わせはおみやげに。

ELEPHANT FACTORY COFFEE

ビルの合間をすりぬける小路に隠れ家のようにひっそりとあるカフェ。古い道具や古本の並びにも店主のこだわりが感じられる。本を一冊抱え、珈琲を飲みながら、ゆっくり過ごしたい。

〈鴨川〉

hohoemi

ベーグル、プチパン、キャラメルラスクなど定番のやさしい味わいは、ひと口食べると笑顔になる。鴨川をのんびり眺めながらほおばりたい。

トリバザール

店主の視点で選ばれた日常の暮らしに馴染む日用雑貨や使い心地のいい道具たち。壁の掲示板には、季節を重んじる京都の行事の覚え書きも。

〈六孫王神社〉

モンパルカマダ

近所の人に愛される昔ながらのパン屋さん。オレンジ色の屋根にアーチを描く窓が昭和の面影を残す。焼きそばロール、三日月形の塩パンも人気。珈琲コーナーでイートインもできる。

コラム② 〈マイ桜〉

　自宅の二階の窓から、一本の桜の老木が見える。花のつきが思わしくなく、元気がなさそうな年は、ひそかに励ます。年を経た桜は、どこかを枯らしながら自分で調節をして花を咲かせると聞いた。人と同じように、身体の調子を自分で窺いながら花を咲かせ、葉を繁らせ、時には思い切って葉を落としたりもするらしい。そのことを知ってから、ますます桜の存在を身近に感じるようになっていった。そして私はずいぶん前から、気になる桜を見つけては、「私の桜」と思って親しんできた。

　春の京都を歩けば、星の数ほどの桜と出会う。どの桜も同じようでいて、まとっている空気はそれぞれに違う。お寺の隅にひっそりと咲く桜でも、桜並木の中の一本でもいい。たくさんの桜の中から

「気になる一本」を、あなただけの桜を見つけてほしい。それだけで桜の時期が一層楽しくなると思う。

　北白川疏水には、渡れないさびついた小さな橋がある。向こう岸にある一本の染井吉野の老木が、一番お気に入りの「マイ桜」だ。

　芽吹いたばかりのふかふかの下草の上に、行儀良く両手を空に広げ、たわわに花をつけている。桜が陽の光を集めるのだろうか、そこだけまるで別の世界のように明るくのびのびとしていて、見るからに気持ち良さそうだ。

　その光景を見ていると、じんわりとした安心感に包まれる。遠くから見ているだけで胸が高鳴る。この桜の姿に私は「憧れ」をいだいているのだ。

　そして花の時期が終わる頃、「また来年会いましょうね」とそっとつぶやく。また会えますように……。

洛西

嵐山をはじめ桜の名所が多く、春の華やぎを身体いっぱいに感じることができるところ。一日かけてゆっくりと回りたい。

桜スポット

■…寄り道スポット

イ…原谷苑(P86)
ロ…龍安寺(P84)
ハ…仁和寺(P82)
ニ…京都市宇多野ユースホステル(P81)
ホ…佐野藤右衛門邸(P78)
ヘ…広沢池(P81)
ト…大覚寺・大沢池(P76)
チ…嵯峨釈迦堂(清凉寺)(P73)
リ…二尊院(P74)
ヌ…退蔵院(P83)
ル…法金剛院(P85)
ヲ…嵐電桜のトンネル(P70)
ワ…大河内山荘庭園(P75)
カ…天龍寺(P72)
ヨ…亀山公園(P74)
タ…車折神社(P71)
レ…嵐山(P68)
ソ…法輪寺(P73)

景色まるごと見る

〈嵐山〉

対岸から中ノ島公園を望む

寄り道メモ

琴きき茶屋

渡月橋のたもと、大きな赤い提灯が昔ながらの茶店の面影を残す。桜餅は、餡なしのお餅を桜の葉で包んだものと、餅をさっぱりとした甘さのこし餡で包んだものとの2種類が楽しめる。

「山桜は神様が宿る木やて、嵐山を眺めているといつもそう思います。緑の中に桜がふわふわっとあって、まるで着物みたいやわ」。老舗和菓子店「大極殿」のおかみさんがそうおっしゃっていた。豊かな緑の山々に、春になるとほんわり、ほんわりとやさしい色の山桜が顔を出し、山が笑いはじめる。ふもとの染井吉野も応えるように華やいでゆく。春色に頬を染めた山、趣きある渡月橋、蒼く光る大堰《おおい》川の流れ。少し離れた石の岸辺から景色まるごと眺めれば、嵐山の変わらぬ静かな桜風景が、すうっと心に響いてくる。（地図P67㋹）

〈桜メモ〉3月下旬～4月上旬／山桜、染井吉野、枝垂桜約1500本／日本さくら名所100選

ハミダシ
桜豆知識
鎌倉時代、吉野山の桜（シロヤマザクラ）を移植して以来の名所。

電車に乗って見る〈嵐電〉

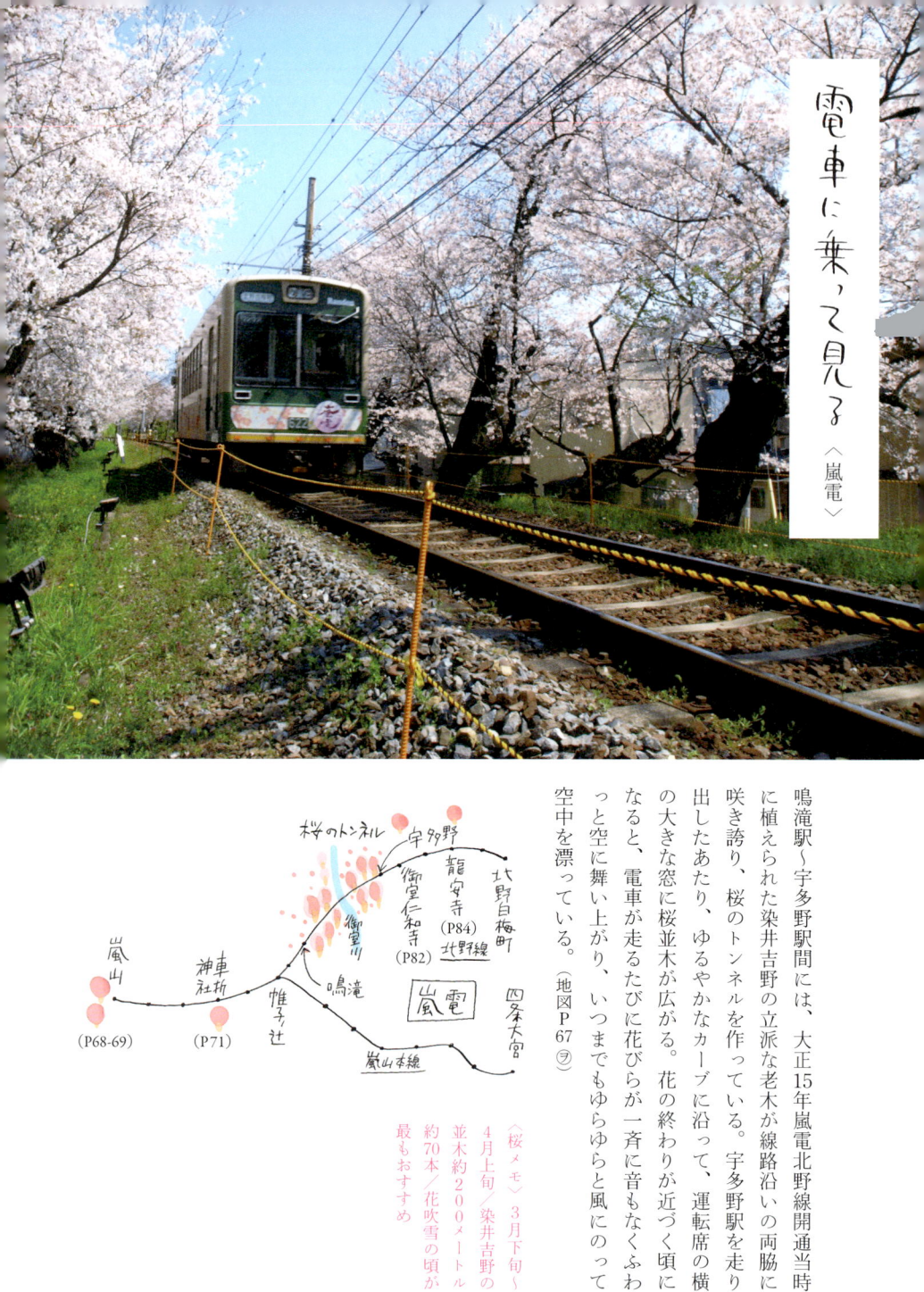

鳴滝駅～宇多野駅間には、大正15年嵐電北野線開通当時に植えられた染井吉野の立派な老木が線路沿いの両脇に咲き誇り、桜のトンネルを作っている。宇多野駅を走り出したあたり、ゆるやかなカーブに沿って、運転席の横の大きな窓に桜並木が広がる。花の終わりが近づく頃になると、電車が走るたびに花びらが一斉に音もなくふわっと空に舞い上がり、いつまでもゆらゆらと風にのって空中を漂っている。（地図P67 ㋾）

〈桜メモ〉3月下旬～4月上旬／染井吉野の並木約200メートル約70本／花吹雪の頃が最もおすすめ

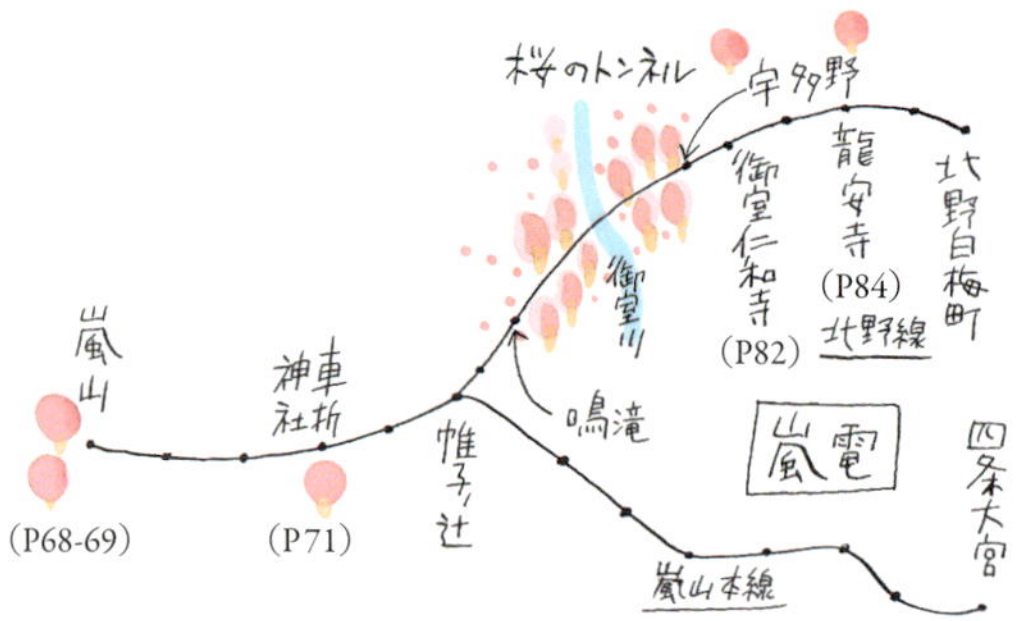

師を思い見る

〈車折《くるまざき》神社〉

車折神社は金運・商売・学芸の神様をまつる。閑静な雰囲気の中門より東に向かう参道へと歩むと、朱色の玉垣に映える一本の静かで品のある枝垂桜が空を包み込んでいる。画家・冨田溪仙が奉納した溪仙桜《けいせんざくら》（写真）。車折神社の元宮司でもあり近代日本画の巨匠であった富岡鉄斎を慕い、尊敬し続けた溪仙の想いにあふれた一本桜だ。溪仙は鉄斎をひそかに師とし、模範にしていたとか。また、早咲きの河津《かわづ》桜、香りのする匂い桜をはじめ、山桜、染井吉野も点在し、隠れた桜の名所としても知られている。

（地図P67㋟）

〈桜メモ〉3月上旬～4月下旬／寒緋桜、山桜、染井吉野、溪仙桜、河津桜（2月下旬～3月中旬）、匂い桜（4月中旬頃）など15種類約40本

寄り道メモ

〈嵐山〉

いしかわ竹乃店

歴史と共に大切にされてきた嵯峨野の竹。70年前から佇む馴染み深い竹製品専門店。商品数は千種類は超える。天然のごま模様を生かした箸や愛らしい菓子ようじ、茶筅をかたどった小さな箸置きなども。

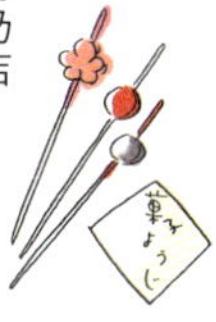

〈嵐電〉

ふたば菓舗太秦庵《うずまさあん》

嵐電・帷子ノ辻駅で途中下車。東映京都撮影所前に佇む和菓子店。代々、時代劇に使われる和菓子を手がけている。

〈天龍寺〉

鶴屋寿

京都の老舗料理店の手みやげとして考案された白い桜餅。山本紅雲氏による桜の掛け紙も素敵。春の日持ちは4日間。日ごとに大島桜の葉の香りと味がしみこみ熟成された風味が口に広がる。

London Books

ロンドンのパン屋さんのような外観の居心地のいい古書店。

嵯峨野湯

大正時代の銭湯を白くナチュラルな空間にリノベーションしたカフェ。2階はオリジナル雑貨を扱う。

春の花々と見る

〈天龍寺〉

ほわほわと桜色に染まる嵐山を借景とした天龍寺の曹源《そうげん》池《ち》庭園を眺めたあと、目に飛び込んでくるのは、多宝殿前の紅枝垂（写真上）。すっと天にのび、細やかな枝からいくつもの花を降らしている。望京の丘から見下ろす桜景色も、心に留めておきたい。庭園「百花苑」では、こぶしやすももなど春の花々と染井吉野が共鳴し合う（写真左）。樹々や花の力を十分にかみしめながら歩こう。苑の北門を抜けるとひんやりとした空気が流れる竹林の道へとつながり、大河内山荘へと続いている。

（地図P67㋕）

〈桜メモ〉3月下旬～4月中旬／紅枝垂、染井吉野、山桜、八重桜など約100本

甘味を楽しみながら見る

〈嵯峨釈迦堂（清凉寺《せいりょうじ》）〉

重厚な仁王門に映える染井吉野、多宝塔前の小ぶりだが勢いよく咲く染井吉野、八宗論池《はっしゅうろんち》横の小さな紅枝垂など、桜の数は少ないが立ち寄りたいところ。桜めぐりをしていると、甘いものでほっとひと息つきたくなる。境内の甘味どころ「大文字屋」では、小ぶりな一本の桜を愛でながら、白みそだれたっぷりのあぶり餅や抹茶入りのわらび餅、桜のアイスクリームなどが楽しめる。帰りには、京都が誇る豆腐屋さん（私の心の豆腐屋でもある）「森嘉」へ寄ってお豆腐やひろうすを買って帰りたい。（地図P67㋠）

〈桜メモ〉3月中旬～4月中旬／染井吉野、枝垂桜など

山の中腹から見る

〈法輪寺〉

江戸時代から続く習わし「十三まいり」。数えで13歳になると法輪寺へお参りし、厄を祓い、智恵を授けていただくよう祈願する。帰り道、渡月橋を渡り終えるまでは、決して後ろを振り向いてはいけないと教えられ、どきどきしながら歩いて帰った記憶が残っている。ようやく渡りきったあと、嵐山の中腹に桜に囲まれた多宝塔を見てほっとする。見晴し台から染井吉野ごしに見る渡月橋は、まるで一枚の日本画のよう。（地図P67㋞）

〈桜メモ〉3月下旬～4月中旬／彼岸桜、枝垂桜、染井吉野、法輪寺桜、山桜など30本

もみじと見る

〈二尊院〉

もみじの名所で有名だが、小倉山を背景にどっしりと風格ある総門ごしに見る桜風景も見逃せない。「もみじの馬場」と呼ばれる長い参道は春になると「桜の馬場」になる（写真）。両側には、まだ眠そうなもみじの間に染井吉野がはんなりとした表情を見せる。階段脇には紅色の濃いつぼみをつけた枝垂桜が待ち遠しそうに揺らいでいた。（地図P67㋷）

〈桜メモ〉4月上旬／染井吉野、紅枝垂など20本

穴場でゆったりと見る

〈亀山公園〉

大堰川（保津川）沿いを上流に向かって歩いていくと、静かでほっとひと息つける場所がある。丘全体が公園になっていて、自然の中でやさしく咲く桜にゆったりと向き合える。休憩所や広場があるので、お弁当を持ってのピクニックにはぴったり。展望台まで登れば、保津川下りの船やトロッコ列車も見渡せ、新緑と山桜が織りなす景色にため息が出る。（地図P67㋵）

〈桜メモ〉3月下旬～4月上旬／染井吉野、山桜、枝垂桜など

庭と見る山並みと見る

〈大河内山荘庭園〉

大河内山荘庭園は昭和中期、時代劇の名役者だった大河内傳次郎が30年の歳月をかけてこつこつと創りあげた壮大な別荘庭園。回遊式の借景庭園には桜をはじめ、松や楓などの樹々が四季折々の美しさを奏でる。端正な竹林や品良くほころぶ枝垂桜を眺めながら、ゆっくりとお抹茶と和菓子を楽しむこともできる。比叡展望台からは、ふわふわと桜雲に浮かぶ比叡山、双ケ丘《ならびがおか》など遠く京都の街を一望できる（写真上）。（地図P67 ㋻）

〈桜メモ〉3月下旬～4月中旬／染井吉野、紅枝垂など

嵐峡展望台からの眺め

桜を眺めながら抹茶を楽しめる

池と見る・庭と見る

〈大覚寺・大沢池《おおさわのいけ》〉

平安時代の雅な面影を残す嵯峨天皇ゆかりの大覚寺。離宮の庭、唐門前には、ふわりと気品に充ちた一本の紅枝垂が人々を魅了する。まるで厳かな十二単に包まれた姫様を御所車がお迎えに上がる光景を目の当たりにしているようだ。春の華道祭には、大沢池に面する五大堂や龍頭舟《りゅうとうせん》に茶席が設けられ、うららかな桜風景を眺めつつお茶の時間を楽しむことができる。桜の葉が少しずつ山吹色を帯びてくる頃、中秋の名月の夜には「観月の夕べ」が開かれる。月灯りに照らされた群青色の池に龍頭舟、鷁首舟《げきすせん》が浮かべられ、ゆったりと優雅な平安の時を思わせる。大沢池は大覚寺に隣接し、中国の洞庭湖《どうていこ》を模して造られた日本最古の庭池。周囲約1キロの池の堤に染井吉野や山桜が植えられ、空と水の境目がわからなくなるほど晴れた日には、水面におぼろげな桜色が弧を描く。なめらかな山の斜面、芽吹いたばかりの緑、空と水に浮かぶ桜が織りなす風景は長年変わることなく、心

②

①

④

③

⑥

⑤

の引き出しにしまっておきたい宝物。

（地図P67 ㋣）

〈桜メモ〉3月下旬～4月中旬／染井吉野、山桜、枝垂桜、八重桜など約100本

①②③④池と桜を見る。大沢池のほとりはゆっくり歩いて一周したい

⑤名古曽の滝跡方向に行く途中の林道、水鏡に映る幻想的な桜の姿

⑥唐門前の紅枝垂

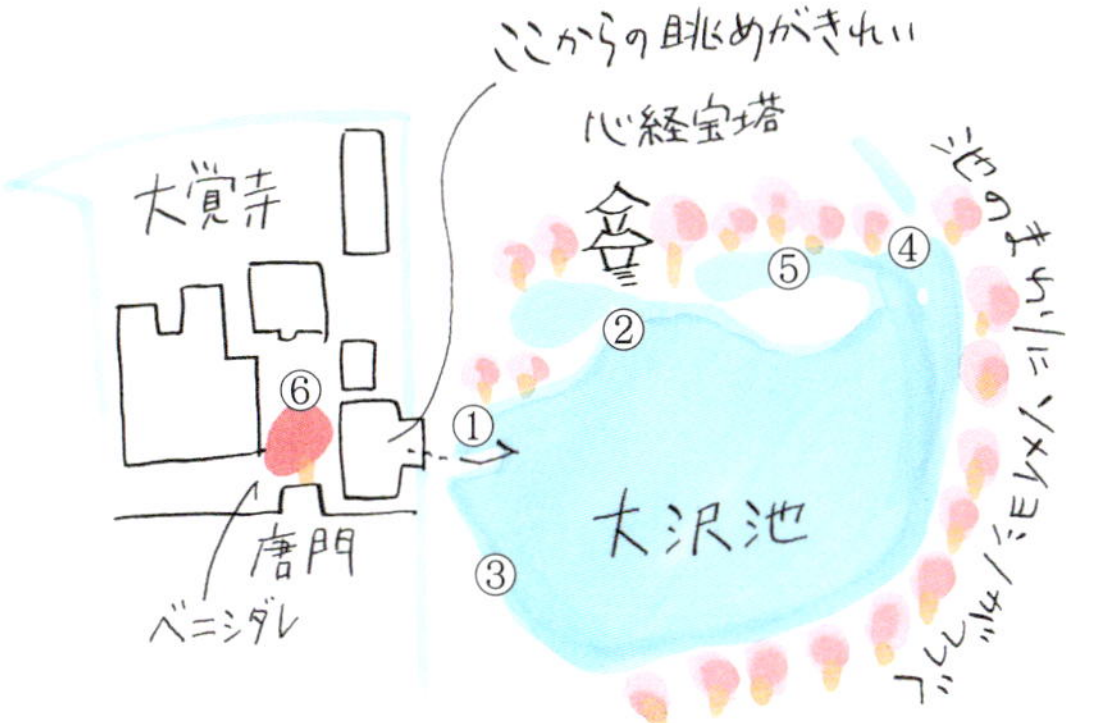

桜守の庭を見る

〈佐野藤《とう》右衛《え》門《もん》邸〉

紅枝垂の並木

広沢池からほど近くにある、繊細で力強い幹を持つあふれんばかりの枝垂桜は、道行く人の心を一瞬でつかんでしまう（写真右）。京都の桜に欠かすことはできない桜守、十六代・佐野藤右衛門氏の邸宅。代々仁和寺《にんなじ》御室御所《おむろごしょ》の植木職人として従事され、明治より造園業を営んでいる。藤右衛門氏は、国内外の桜の生育に尽力し、故イサム・ノグチ氏設計によるパリ・ユネスコ日本庭園を共に手がけ、ノグチと深い交流があったことでも知られている。ある時、枝垂桜の樹々の合間を穏やかな笑顔で歩いておられる藤右衛門氏の姿を目にした。まるで家族を見守るような優しい眼差しを、桜の一本、一本へ注いでいる。「今日は元気か？　調子はどうや？」という声が聞こえてくるような気さえした。代々受け継がれてきた桜への熱い思いを感じながら、苑内の桜をゆっくりと味わうように眺めたい。床几《しょうぎ》に座り天を仰ぎ、空高く広がる花々を身体いっぱいに浴びる。夜には篝火《かがりび》が焚かれ、赤い炎に照らされるしなやかな枝垂桜が妖艶に舞う。苑内の奥には数々の種類のうっとりとするような名前をつけられた苗木が植えられ、まるで桜図鑑のように楽しませてくれる。

（地図P67㋭）

〈桜メモ〉４月上旬〜下旬／紅八重枝垂、佐野桜、兼六園菊桜など約１３０種類

＊桜守（さくらもり）…桜の名所、名木を守り育てる人のこと。

＊桜の季節に無料開放されているが、私邸である事を充分に理解した上、マナーを守って桜との対話を楽しみたい。

①大切に手入れをされている藁葺き屋根の佐野邸

②紅枝垂の並木

《佐野邸の里桜の一部》

③有明(ありあけ)。大島桜系の里桜、香りに富み八重と一重が混ざって咲く

④桐ヶ谷(きりがや)。一重八重咲きの可憐な淡紅色。別名、御車返しとも呼ばれている

⑤糸括(いとくくり)。江戸時代より知られている淡紅色の桜

⑥佐野桜(さのざくら)。実生していた山桜の中から佐野氏が発見し、植物分類学者牧野富太郎博士により命名

⑦御信(ごしん)。33〜38枚の繊細な花びらをもつ

⑧太白(たいはく)。桜の中で最も大輪を咲かす。イギリスの桜愛好家イングラムにより保存されていたものを接ぎ木し再生させた桜

⑨雨宿(あまやどり)。花が葉の陰に雨をよけているように見えることより名付けられる。つぼみの時は紅色で花咲く頃に白色になる

⑩早晩山(いつかやま)。淡紅色をうっすらと帯びた白い大輪

⑪胡蝶(こちょう)。蝶が飛ぶような風情がある、淡紅色で外側が濃紅色、一本の木に一重と八重両方の花が見られるものもある。元は仁和寺境内にあった桜とされている

<table>
<tr><td>②</td><td colspan="3" rowspan="2">①</td></tr>
<tr><td>③</td></tr>
<tr><td>⑦</td><td>⑥</td><td>⑤</td><td>④</td></tr>
<tr><td>⑪</td><td>⑩</td><td>⑨</td><td>⑧</td></tr>
</table>

里の風景と見る

〈広沢池《ひろさわのいけ》〉

歴史的風土特別保存地区に指定されている広沢池。愛宕山にいだかれる水の姿は、のどかなこの嵯峨野の里の風景にかかせない存在となっている。日本三大名月観賞池のひとつであり、松尾芭蕉の俳句にも詠まれている。池の東側の山桜が里の風景に溶け込むように色を添え、畦道の草花が芽吹く頃、もっとも嵯峨野らしさを感じる。（地図P67(へ)）

〈桜メモ〉4月上旬～下旬／山桜、里桜約１００本

居心地の良い所から見る

〈京都市宇多野ユースホステル〉

桜の庭園一般公開の時期だけ、宿泊者以外でも自由に見ることができる隠れた桜の名所。世界80ヶ国、４０００ヶ所のユースホステルより「世界でもっとも居心地のよいユースホステル２００９」に選ばれている。庭園には約40本の染井吉野や山桜などがあり、入口を入ってすぐの前庭には気持ちよく広い芝生が広がり、二本の桜が目に飛び込んでくる。向かって左には、円山公園の先代の枝垂桜の兄弟桜といわれている枝垂桜があり、この花が終わりに近づく頃、大木の染井吉野が満開を迎える。広沢池や佐野邸から歩いて5分程度。ここを拠点に嵯峨野めぐりを楽しみたい。（地図P67㊁）

〈桜メモ〉4月上旬／染井吉野、山桜、里桜など約40本

遅咲きを見る

〈仁和寺《にんなじ》〉

仁和寺の「御室桜《おむろ》」は4月中旬頃より咲きはじめ、春の楽しみを華やかに締めくくる。土壌の質の影響で下に根をはれないことから、背が低く横に広がり、花が人と寄り添う距離で咲き誇る。花の位置と鼻の低さをかけて、別名「お多福桜」という愛称もある。（地図P67㈧）

〈桜メモ〉4月上旬～下旬／御室桜（有明一重、八重）は中旬頃。樹高は2～4メートルで地上から20～30センチで花をつける。染井吉野、枝垂桜、御衣黄（ぎょいこう）、関山（かんざん）、桐ケ谷など約十数種類約550本

なつかしさも残る境内の茶店では、甘酒やおでんも楽しめる

寄り道メモ

御室さのわ

丁寧な所作で入れられるおいしいお茶とひとりでもほっとできる和やかな時間。フレンチのシェフ考案のアイスクリームや丹波黒豆入り寒天など、材料にこだわったおいしいお菓子を。

きもちを整えて見る

〈退蔵院〉

退蔵院に一歩足を踏み入れると、清らかで凜とした空気を感じ、気持ちが整う。細い生垣をぬけたあとに迎えてくれる「余香苑《よこうえん》」の紅枝垂は、空からほとばしる桜の簾《すだれ》をかけ「陰の庭」と「陽の庭」（写真）の架け橋のように咲き誇る。なだらかで奥行きのある庭の正面に座り、瓢簞池からゆっくりと望むと、すみずみまで細やかな心配りが行き届いていることに気づく。庭には水琴窟《すいきんくつ》があり、散策の合間に、地の底から奏でられるきらきらとした音色にぜひ耳をかたむけたい。「大休庵」では、女性らしい艶のある一本の紅枝垂を眺めながら、お抹茶と瓢《ひょう》鮎《ねん》菓子を楽しんで、至福の時を過ごすことができる。

（地図P67 ㋦）

〈桜メモ〉4月上旬～下旬／紅枝垂4本

大休庵にて抹茶をいただく（瓢鮎菓子付500円）

石庭と見る裏側から見る
〈龍安寺《りょうあんじ》〉

四季折々の美しさを見せる鏡容池（きょうようち）に映る染井吉野

門前の階段前にもあふれるほどの枝垂桜

龍安寺の石庭を見ると、心静まるのはなぜだろう？　海に見立てた白砂には15個の石が点在している。あえて不完全さを残すために、どの角度から見ても一度にすべての石は見えないように造られているなど数々の伝説と謎に包まれている。菜種油をしみ込ませて塗り込んであるというこっくりと深みある油土塀へしなやかに降りそそぐ紅枝垂の姿。うずを巻く白砂に映える淡紅色の花々。静寂な石庭が最も華やかに一枚の絵のように浮かび上がる。同じ桜を庭側からと裏側の二面から見てみたらどうだろう？　庭側から見ていると主役のように見える桜（写真右）も、裏側に廻り込んで見ると細い枝を幾重にもはりめぐらせ、石庭をひきたたせる脇役のようにも見える（写真右下）。いつも主役とは限らない意外な桜の姿にはっとする。（地図P67㋺）

〈桜メモ〉3月下旬〜4月上旬／紅枝垂、染井吉野、山桜、八重桜など400本

伝説を知って見る

〈法金剛院《ほうこんごういん》〉

極楽浄土を模した庭園の池に浮かぶ蓮が美しく「蓮の寺」として知られる法金剛院。方丈前には、この寺を建立した鳥羽天皇の中宮待賢門院《たいけんもんいん》にちなみ、「待賢門院桜」と名付けられた一本の枝垂桜がある。紅枝垂の変種で高貴な紫色に近いことより別名「紫の花」と呼ばれている。桜を生涯愛し、恋と桜の歌を多く残した西行が慕った女性は、美しく誉れ高き歌人、待賢門院だったという伝説もある。この一本の桜に静かに向き合い、待賢門院というひとりの女性、そして西行の想いを重ね合わせて、じっくりと眺めたい。（地図P67㋸）

〈桜メモ〉4月上旬〜中旬／枝垂桜、待賢門院桜、染井吉野約50本

寄り道メモ

〈龍安寺〉

堂本印象美術館

日本画に抽象表現を融合させた独特な世界観を表す作品、椅子など細部へのこだわりが楽しい。鍵の絵のコースターや、ブックカバーをおみやげに。

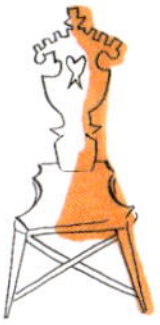

ハミダシ
桜豆知識

堂本印象の作品の中には、桜の語源と伝えられている日本書紀の「木華開耶媛」（このはなさくやひめ）がある。美術館入口には枝垂桜も。

桜のシャワーを浴びながら見る

〈原谷苑《はらだにえん》〉

仁和寺のさらに山深く、自然豊かな隠れ里に広大な村岩農園の敷地がある。通称「原谷苑」。普段は静寂に包まれた里が桜の時期になると、各地から人々が訪れにぎやかになる。苑内に入ると、見渡す限りの桜に視界が覆いつくされ、自分がどこにいるのかさえ見失ってしまう。淡紅色の紅枝垂など、20種類以上の桜の花々。白からピンクへのグラデーションがどこまでも終わることなく続いて、まるで桜のシャワーを浴びているようだ。ここは終戦後、満州より引きあげた人々が開拓し、そののち村岩農園が譲り受けて様々な種類の樹々を植え、代々受け継いで丹念に育ててきた場所。その想いが通じたのか桜はじっくりと成長し、毎年身内で花見を楽しんでいた。そのあまりの美しさにうわさが人々に伝わり、ついには桜の時期に一般公開をすることになったとか（現在は梅と紅葉の時期も開苑）。紅枝垂の本数は日本一で、桜の名所と名高い。

（地図P67㋑）

〈桜メモ〉約400本／4月中旬には樹齢50年の八重紅枝垂、約200本が見頃。4月上旬／一重紅枝垂、吉野桜、彼岸枝垂、薄墨桜など。4月下旬／御室桜、菊桜、黄桜（鬱金）など

＊苑内は飲食物の持ち込みは禁止だが、お弁当や甘味の売店がある。桜のもとで床几に座りゆっくりいただくことができる。

善哉を味わう間にも
花びらが舞い落ちてくる

①八重紅枝垂が
シャワーのよう
②人々を魅了する景色が
あちこちに
③様々な植物と桜が溶け合う
④四千坪の敷地は桜の洪水
⑤同じ樹に赤、白、桃色など
多色の花をつける源平しだ
れ桃
⑥ピンク色の小径に心も躍る
⑦普賢象（ふげんぞう）
⑧鬱金（うこん）
⑨松月（しょうげつ）
⑩関山（かんざん）
⑪楊貴妃（ようきひ）

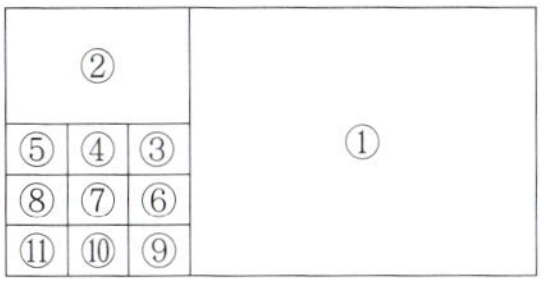

コラム③〈桜便り〉

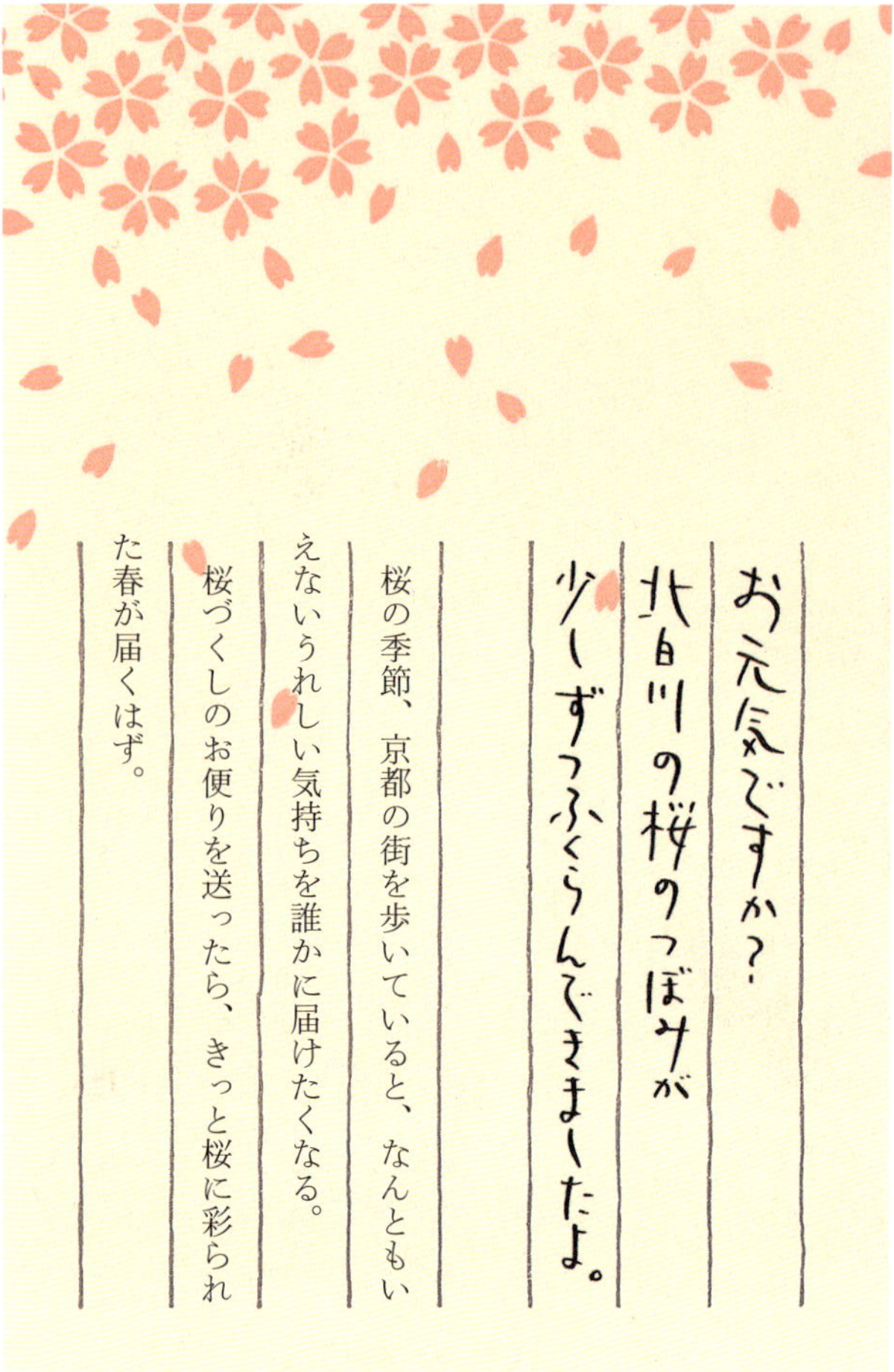

お元気ですか？
北白川の桜のつぼみが
少しずつふくらんできましたよ。

桜の季節、京都の街を歩いていると、なんともいえないうれしい気持ちを誰かに届けたくなる。
桜づくしのお便りを送ったら、きっと桜に彩られた春が届くはず。

㋑松ヶ崎疏水、高野川／㋺松ヶ崎疏水の桜並木、五山の送り火「妙」／㋩京都下鴨高木局／㋥さくらさくら（原画：森田曠平）〔日本の歌シリーズ第4集（1980）〕／葉書…京都版画館 版元まつ九

㋑醍醐寺／㋺醍醐寺三宝院唐門、五重塔、シダレザクラ／㋩伏見醍醐局／㋥奥村土牛画「醍醐」〔切手趣味週間（1997）〕／封筒…京極井和井

㋑嵐山、法輪寺など／㋺渡月橋と十三まいりの着物姿の女の子／㋩京都嵐山局／㋥酒井抱一画「桜（雪月花図）」〔四季の花シリーズ第1集（1993）〕／葉書…京都鳩居堂、京都版画館 版元まつ九（嵐山の山桜・渡月橋）

㋑平安神宮、哲学の道など／㋺大文字山、銀閣寺、平安神宮、シダレザクラ／㋩左京局／㊁京都府、シダレザクラ〔ふるさと切手「近畿の花」(2006)〕／葉書…京都鳩居堂、京都版画館 版元まつ九（平安神宮のベニシダレザクラ）

㋑北白川疏水、哲学の道／㋺北白川疏水の桜並木、大文字山／㋩京都田中高原局／㊁春の小川（原画：安野光雅）〔日本の歌シリーズ第4集（1980）〕／葉書… 京極井和井

節分を過ぎた頃から紙もの店では桜をモチーフにした葉書や便せんが並びはじめる。桜風景が描かれた版画の葉書などを買い集めていくのも楽しい。

　切手は京都の名所が舞台となっている桜風景や著名な画家による桜図の切手など、京都＋桜をキーワードに探してみよう。郵便局で手に入らない場合は古切手屋さんへ。

　枝垂桜は京都府の花でもあり、風景印に描かれた桜は郵便局の近くで咲いていることも多い。お花見散歩の合間にスタンプラリー感覚で郵便局に立ち寄ってみるのも楽しい。

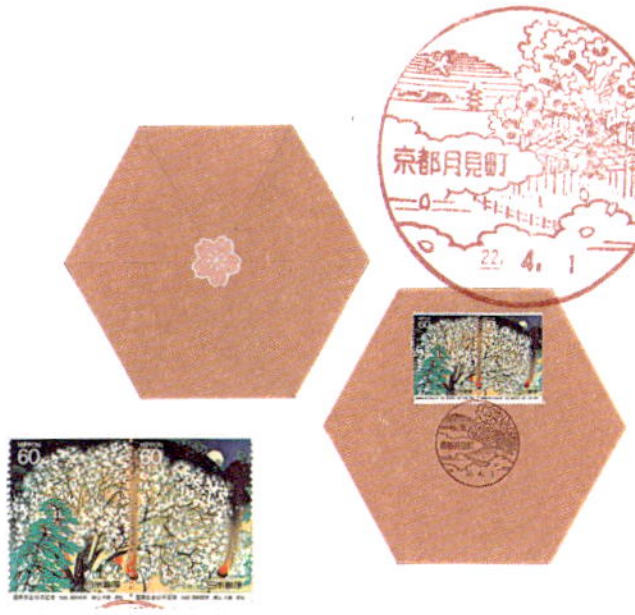

㋑円山公園、建仁寺、高台寺など／㋺円山公園のシダレザクラ、東山、大文字山／㋩京都月見町局／㊁横山大観画「夜桜」連刷（60円×2）〔国際放送50年記念（1985）〕／封筒…ROKKAKU（六角形：定形外＋裏面・桜のシール）

㋑円山公園、建仁寺、高台寺など／㋺円山公園のシダレザクラ、東山、大文字山／㋩京都月見町局／㊁円山公園のシダレザクラと東山〔ふるさと切手「京の四季」(2000)〕／封筒…京都版画館 版元まつ九

㋑鴨川、府立植物園／㋺鴨川、シダレザクラ、五山の送り火「妙」／㋩京都洛北高校前局／㊁シダレザクラ、京都府〔ふるさとの花第2集（2008）〕／封筒…京都版画館 版元まつ九

㋑最寄りのお花見どころ　㋺風景印の絵柄　㋩郵便局　㊁切手名（発行年）

コラム④〈桜小物〉

底冷えのする早春、陽射しにやわらかさを感じるようになると、急に春が待ち遠しくなって、店先に並ぶ桜小物たちに心がくすぐられる。形もとりどりの桜のスタンプや、開けた瞬間に香りが広がり、うっとりとする桜の文乃香《ふみのこう》など、お便りに彩りを添えて誰かに贈りたくなる。花咲く季節に気持ちを馳せ、日々をわくわくと楽しい気持ちで過ごしませんか？

ぽち袋

木版の手仕事が味わい深い。〈竹中木版 竹笹堂〉

桜のスタンプ

無地の葉書にいろいろな種類を押すのも楽しい。〈田丸印房〉

菓子敷き

文乃香

ぽち袋

右／貝の形になる菓子敷き。中／文乃香は花びらの形も愛らしい。左／桜の形が立体的になり、小物入れとしても使えるぽち袋。〈嵩山堂はし本〉

洛北

ゆったりと流れる賀茂川を中心に、緑豊かにのどかな桜景色が広がる。自転車でめぐるのもおすすめ。

桜スポット　　■…寄り道スポット

イ…宝ケ池(P92)
ロ…上賀茂神社(P94)
ハ…常照寺(P102)
ニ…大宮交通公園(P105)
ホ…高野川(P101)
ヘ…賀茂川(P98)
ト…京都府立植物園(P96)
チ…今宮神社(P106)
リ…松ケ崎疏水(P100)
ヌ…半木の道(P99)

音を聴きながら見る
池と見る

〈宝ヶ池〉

①

宝ヶ池にはいろいろな音がある。水鳥たちが戯れる声、ジョギングをする人の軽やかな足音、空から舞う花びらを手のひらにおさめようと走り回りはしゃぐ子供たちの声、ボートをこぐ水の音……。染井吉野や山桜が華やぐ遊歩道をゆっくりと歩きながら、様々な音へ耳を澄ませると、とてもしあわせで穏やかな風が体内にすうっと流れこんでくる。宝ヶ池は周囲1・8キロの池で、京都一広い自然公園。桜の森をはじめ、梅林園、菖蒲園など四季折々の移り変わりを楽しませてくれる人々の憩いの場。休日には家族連れでにぎわい、ピクニックがとても似合うところだ。ゆったりと流れる時間の中で、のんびり桜の木の下で読書をしたり、昼寝をしたりと思い思いの過ごし方をしている。ある日、広い公園の中で、ひときわ存在感を放つ桜を見つけた。初々しい大きな緑の絨毯に、すくっと立つ一本の八重紅枝垂。樹の周りがやわらかな光に包まれて輝いているように見える。まだ

②

⑤

④

③

誰も人がいない早朝、あらためてその桜と向き合ってみた（写真①、③）。静寂の中の八重紅枝垂は淡紅の朝陽を浴び、以前にも増して光を放ち輝いている。あふれる自然の中、どこまでものびのびとしていて、そのまま空に昇っていきそうだった。（地図P91㋑）

〈桜メモ〉3月下旬～4月中旬／枝垂桜、染井吉野、山桜など約700本

①③オーラさえ感じる八重紅枝垂
②池と見る、ボートに乗って見る
④「桜の森」でピクニック
⑤国際会館の裏には見事な桜苑

寄り道メモ

長久堂 北山店

創業天保2年。季節折々の干菓子や生菓子の美しさにため息が出る。春限定の「桜のくず湯」は、「鳩の浮巣」に桜の花びらが浮かび、春の情景が広がるようで、和菓子の奥深さが感じられる。併設の茶房にて和菓子とお茶でひと休み。

樹のまわりを一周して見る

〈上賀茂神社〉

鳥居をくぐると広く清々しい緑の芝生が広がり、二本の大きな古木の枝垂桜が威風堂々と立っている。樹齢約180年といわれている孝明天皇ゆかりの「御所桜」（写真左）は、長い時を経てもなお、豊かに白い花々を左右に注ぎ、大きく二本に分かれた幹から幾重にものびる枝をところどころ枯らしながらも、懸命に咲き続けようとしている。桜も長年生き続けていると、人間と同じでしわを深く刻み、時代の流れや風雪にも耐え忍んできた風格がある。一方向から眺めるだけでなく、左右、裏側などゆっくり樹のまわりを歩きながらじっくりと見てみよう。特に裏側からの姿は、表の顔とは全く違った幽玄で静かな表情を見せている。御所桜が散りはじめる4月中旬頃、八重紅枝垂「斎王桜」（写真右）が、勢いよく彩る。葵祭の主役、斎王（賀茂神社または伊勢神宮に巫女として仕える皇女）のごとく、慎ましさの中にも華やかで誇らしげに咲いている姿にじっと見とれる。境

内には授与所脇の紅枝垂「みあれ桜」、二の鳥居横の紅枝垂「風流桜」、楼門前の八重桜「賀茂桜」、社務所前の山桜など、見ごたえのある一本桜が多く、それぞれに名前がつけられ丹念に育てられている。（地図P91㋺）

〈桜メモ〉4月上旬〜中旬／枝垂桜、染井吉野、八重桜など約100本

◎毎月第4日曜日には「手作り市」が開催。

寄り道メモ

AVRIL《アヴリル》本店

元学生寮だった古い木造二階建ての建物は、工房も兼ね、22の小部屋や廊下には博物館のように、すみずみまでぎっしりと手あみ糸が並ぶ。色とりどりで風合いのある糸は眺めているだけでも楽しい。

芝生で寝ころんで見る　研究しながら見る

〈京都府立植物園〉

ゆったりとした自然の中に12万本の植物が見られる、大正13年開園の歴史ある広大な植物園。70品種500本の桜が園内のあちこちに植えられているが、一番の見所は、桜林に勢い良く咲くたくさんの枝垂桜。淡紅色、白色の枝垂桜が重なり合い、染井吉野を背景に艶やかに春色を際立たせている。はなしょうぶ園には見事に枝を広げる大枝垂桜の姿がある。この樹は、桜守（先代）佐野藤右衛門氏が守ったことで有名な円山公園の枝垂桜と同じ系統にあたるそうなので、必ず見ておきたい。大芝生地ではごろんと大の字に寝ころんでみよう。雲のようにふわふわと浮かぶ桜が遠くに見えて、思いっきりのびをしたくなる。陽射しが強くなったら、今度は染井吉野の木陰へ。桜品種見本園には、里桜を中心に多種類の桜がある。花と名前のイメージを照らし合わせたり、ふくらみはじめたつぼみ、花びらの裏側、葉っぱの様子など、開花した花を見るだけではなく、その樹自体が持つ生命の魅力をいろいろな角度から見て楽しもう。（地図P91㊦）

〈桜メモ〉3月中旬～4月下旬／枝垂桜、染井吉野、里桜など70品種500本

①園の中心に広がる広大な大芝生地
②はなしょうぶ園の大枝垂桜
③④正門前のチューリップと染井吉野
⑤〜⑦桜林にたくさんの枝垂桜
⑧大山桜
⑨糸括（いとくくり）
⑩太白（たいはく）
⑪平野匂（ひらのにおい）
⑫⑬桐ヶ谷（御車返し・八重一重）
⑭手弱女（たおやめ）
⑮佐野桜　⑯八重紅枝垂

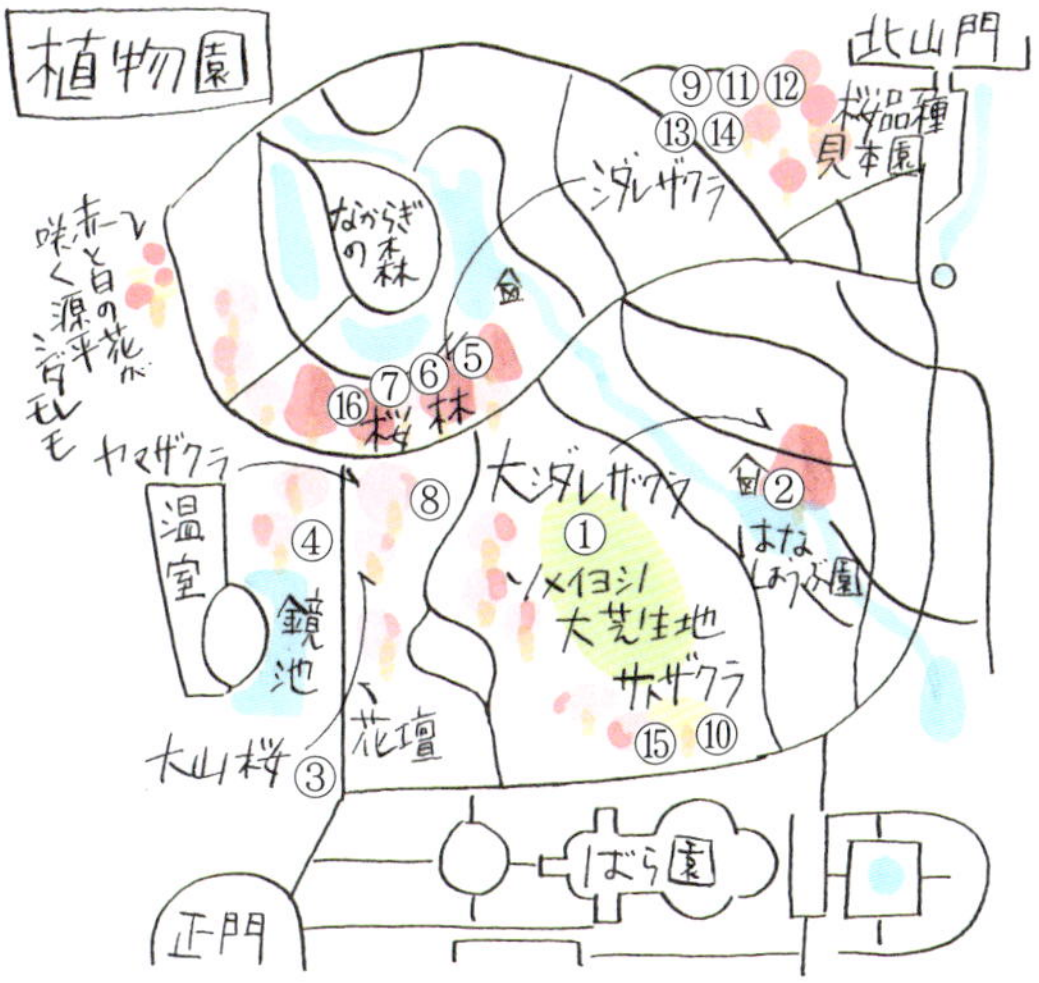

<table>
<tr><td>④</td><td>③</td><td colspan="2">②</td><td rowspan="4">①</td></tr>
<tr><td>⑧</td><td>⑦</td><td>⑥</td><td>⑤</td></tr>
<tr><td>⑫</td><td>⑪</td><td>⑩</td><td>⑨</td></tr>
<tr><td>⑯</td><td>⑮</td><td>⑭</td><td>⑬</td></tr>
</table>

橋の上から景色まるごと見る

〈賀茂川〉

上／出雲路橋から南を望む
東側には大文字と染井吉野
下／出雲路橋から北東を望む

賀茂川沿いをぽかぽかと歩く。何も考えずに歩く。気分にまかせてのんびりと歩く。川の流れに沿って、時の流れもゆったり、ゆったり。目の前にある景色に身を委ねて歩く。どこからかヴァイオリンの音色が風にのって聴こえてくる。ジョギングをする人、手をつなぎ歩く老夫婦、ここはみんながのびのびと自由な過ごし方を楽しめる一番リラックスできる場所だ。川沿いには市街の南から北までずっと染井吉野の並木が続き、どの橋から見ても桜景色を望むことができる。出雲路橋あたりからは、大文字を借景に悠々と流れる川と、ふわふわとした染井吉野がパノラマのように眼下に広がる。（地図P91㋬）

〈桜メモ〉4月上旬頃／染井吉野、枝垂桜など

＊賀茂川は出町柳で高野川と合流し、鴨川となる

くぐりながら見る

〈半木《なからぎ》の道〉

植物園に沿って西側に続く８００メートルの八重紅枝垂の小径。桜守、佐野藤右衛門氏によって作り上げられた淡紅色の花簾《すだれ》のトンネルをくぐりながら歩くと、穏やかでやさしい気持ちがあふれてくる。人が少ない早朝、桜を見上げたりそばに寄り添ったりして、じっくりと独り占めしながら歩くのがいい。花の内側から賀茂川方向を望めば、やわらかな陽射しを受けて花びらが透き通って見える。こんな楽しみ方もあるんだよと藤右衛門氏がそっと教えてくれているようだ。（地図P91㋦）

〈桜メモ〉4月上旬～中旬／八重紅枝垂の並木約８００メートル、約70本

自転車で走りながら見る

〈松ヶ崎疏水〉

三角屋根の木造の家、暖炉の煙突がついたアトリエ風の家……古き良き昭和の住宅が並ぶ松ヶ崎疏水沿いは、隠れた桜の名所となっている閑静な住宅街。桜木町という響きのとおり染井吉野の古木の並木が続く。水辺には、ふさふさと緑が茂り、どの桜も足元は、まぶしい緑色の気持ちよさそうなソックスをはいているようで、紫や黄色の小さな草花が春をにぎわす。時折、小さな橋がかかっていて、そこから眺めるのどかな桜風景にも癒される。ここではレンタサイクルがおすすめ。高野川から少し西へ入り、松ヶ崎浄水場から疏水を抜けて北山の府立植物園へと続くコースを、両側の家を眺めながら、ゆっくり自転車で走るのがいい。桜が吹雪く頃をねらって身体いっぱいに花びらを受けながら走れば、小さなもやもやもいつのまにか飛んでいくよう。（地図P91 ㋷）

〈桜メモ〉4月上旬頃／染井吉野、枝垂桜など

山と見る・川の流れと見る

〈高野川〉

出町柳の三角州から高野橋を経て、馬橋までは遊歩道があり、染井吉野の桜並木が北へのびやかに続く。中には老木も多く、岸辺へ覆いかぶさるように桜が天幕を作っている。途中「法」の字が浮かぶ大黒天山も見える。馬橋からは、桜雲に包まれた雄大な比叡山の姿を望みたい（写真）。

（地図P91㋭）

〈桜メモ〉4月上旬頃／染井吉野など

偲び見る
〈常照寺《じょうしょうじ》〉

①

鷹峯の山麓、桜の季節に必ず訪れたい常照寺。やさしく迎え入れてくれる「吉野桜」の参道を通りぬけ赤門をくぐると、慎ましやかな気持ちに包まれる。鬼子母尊神堂前の枝垂桜は、何かを語りかけてくるように天から降り注ぐ。大きな丸窓のある茶室「遺芳庵《いほうあん》」に向かう途中、静かな薄暗がりの山の中、凜と立つ杉木立を背景に咲く儚《はかな》げな桜に、息をのむ。江戸時代初期、茶道、和歌など諸芸に秀で教養高く、またその美貌は、明の国まで伝わっていたともいわれている島原の名妓、吉野太夫のお墓がある。桜が満開になる4月の第2日曜日には、38歳の若さで他界した太夫を偲び「吉野太夫花供養」が行われる。内八文字と呼ばれる独特の歩き方の太夫道中や茶会が艶やかに繰り広げられ、多くの人で賑わう。

（地図Ｐ91㊇）

〈桜メモ〉4月中旬頃／紅枝垂、染井吉野、山桜、白妙（しろたえ）、鬱金（うこん）など約100本

①③鬼子母尊神堂前の枝垂桜
②赤門と吉野桜
④⑤中庭の枝垂桜を眺めながら、お抹茶と和菓子を

寄り道メモ

光悦茶家

裏庭の紅枝垂を窓ごしに見る。庭の向こう側には、紅枝垂の桜苑が山を彩る。

〈常照寺〉

春先、蜘蛛の糸がそよ風に
たゆたうことを「遊糸《ゆうし》」という。
フランス語では
「ヴィエルジュの糸」(聖母の糸)
と呼ばれる神秘的な光景。
春のやわらかな陽射しの中で、
桜の花弁がゆらゆらと
遊糸のゆりかごに揺れ遊ぶ姿に、
7歳で遊里へ入った
吉野太夫の面影を重ね、
いつまでも立ち尽くし眺めていた。

遊糸に浮かぶ
吉野桜

寄り道メモ

〈常照寺〉
klore《クロア》
ナチュラルな雑貨店のようなパン屋さん。湯こね食パンは、毎日食べたくなる飽きのこない味。

松野醤油
創業１８０５年。昔ながらの京醤油は木の樽で熟成され、香り豊か。

円山公園の兄弟桜を見る

〈大宮交通公園〉

レトロな雰囲気が残る市営の緑地公園。周りを囲む染井吉野の中に、桜守、佐野藤右衛門氏が円山公園の枝垂桜の二世を実生から育てた巨木の一重彼岸枝垂桜が、空いっぱいに元気良く花を広げる。園内には本物さながらの信号や横断歩道。色とりどりのゴーカートに乗り、子供たちは遊びながら交通ルールを身体で覚えていく。設置された懐かしい市電の中は「電車図書館」になっていて前後に小さな絵本棚があり、座席に座って読書もできる。（地図P91㊂）

〈桜メモ〉4月上旬頃／枝垂桜、染井吉野、山桜など

〈大宮交通公園〉

ズーセス ヴェゲトゥス

町家の小さな庭の緑を眺めながら、野菜のキッシュやバゥムクーヘンを。

御《み》倉《くら》屋《や》

おみやげにしたい「旅奴」は、ボーロを黒糖のコクのある甘さで包んだお菓子。

無病息災を願いながら見る

〈今宮神社〉

鬱金

関山

紫野の地に静かに佇む今宮神社が最も賑わうのは、染井吉野が散り、境内の小さな里桜がふっくらと笑う頃。4月の第2日曜日、桜の花が散る頃に広まる疫病を、歌舞によって鎮めたとされる「やすらい祭」が開かれる。桜の木の下には神が宿るといわれ、行列の風流傘に入ると、その年は無病息災でいられると伝わることから、人々はこぞって傘の下に入ろうとして競う。参道に二軒向かい合う、名物あぶり餅はぜひ食べて帰りたい。（地図P91 ㋠）

〈桜メモ〉4月上旬頃／染井吉野、枝垂桜、里桜など

寄り道メモ

一文字屋和助

創業1000年のあぶり餅店。きなこと白味噌がまぶされた餅は、香ばしい味わい。

紫野源水

桜開花時期に販売される「さくらの有平糖」は、透き通る美しさ。

洛南・山科

山科疏水を中心に少し足をのばし、緑豊かな山の風景とともに桜景色を楽しみに行きたい。

■…寄り道スポット

桜スポット

イ…毘沙門堂(P110)

ロ…山科疏水(P108)

ハ…大石神社(P112)

ニ…城南宮(P109)

散歩しながら見る

〈山科疏水〉

ゆるりゆるりと流れる水、萌黄《もえぎ》色の山々、どこまでも続く桜雲。琵琶湖から東山の蹴《け》上《あげ》まで水を運ぶ水路。山科駅から北へ閑静な住宅街のなだらかな坂を登ると、東西に約3キロ続く疏水遊歩道沿いに、染井吉野や山桜の並木が約800本続く。特に安朱橋《あんしゅばし》あたりでは、住民の手によって大切にされている菜の花と桜色が溶け合う（写真）。洛東高校付近には、時を刻み苔むした幹を持つ古木の染井吉野が多く、その勢いに圧倒される。ベンチに座ってぼんやりと過ごしたり、疏水沿いをゆっくりと散歩しながら桜を楽しみたい。（地図P107㋺）

〈桜メモ〉4月上旬／山桜、染井吉野約800本

寄り道メモ

〈山科疏水〉

喜仙堂

風味豊かなわらび餅は、すっと溶ける上品な甘さの餡となめらかなわらびとのバランスが絶妙。

GARUDA COFFEE

丁寧なハンドピックと鮮度を大切にしている自家焙煎コーヒー豆と生活雑貨の店。

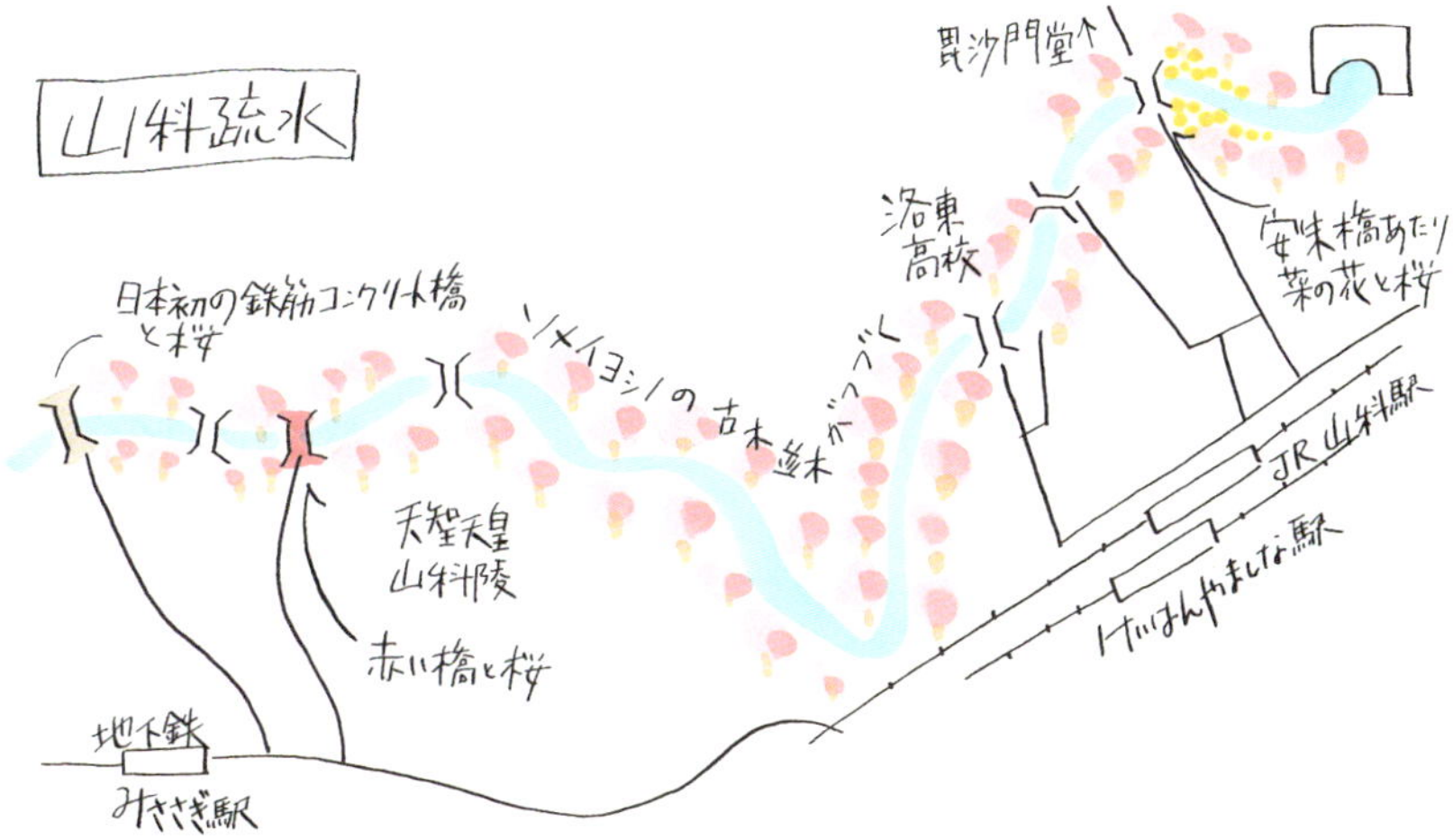

障子ごしに見る

〈城南宮〉

平安貴族の装束をまとった歌人が、せせらぎに浮かぶ杯が流れ着くまでに和歌を詠み短冊にしたためる「曲水の宴」で有名。桜の季節には、池泉廻遊式の庭園「室町の庭」の紅枝垂が絵巻物のように彩りを見せる。お茶席「楽水軒」にて、障子の額縁に縁取られた「桃山の庭」の枝垂桜を眺めながら、お抹茶と和菓子を楽しもう。（地図P107㊁）

〈桜メモ〉4月上旬／楽水苑内の枝垂桜など約10本

〈城南宮〉
おせきもち
450年の伝統ある街道名物「おせきもち」は、腰が強い餅に丹波大納言のあっさりとした餡。

枝の張りを讃えて見る

〈毘沙門堂《びしゃもんどう》〉

山科疏水の安朱橋を渡り、清浄霊域に入ると伝わる極楽橋を経て、毘沙門堂の仁王門へ続く長い石段を木漏れ日の中上っていくと、澄んだ空気に満ちてくる。異国情緒あふれる華やかな花々の装飾があちこちに施された本堂。くすみがかった壁の朱色に桜の花々が一層際立つ。目の前に勢いよく飛び込んでくるのは左右に大きく枝をのばす、宸殿《しんでん》前の樹齢１５０年の枝垂桜。「毘沙門枝垂」「一目千両」「左近の桜」「般若《はんにゃ》桜」など様々な呼び名で讃えられている。建立のはじめは上京区の出雲路にあり、その頃より桜の名所として知られていたが、応仁の乱により全焼。その後、山科の山間の地に復興後も多くの桜が植えられたといわれている。毘沙門枝垂は、大事に植え継がれ、現在の桜は五代目。力強く太くうねる幹から四方八方にほとばしり注ぐ花に近寄ったり、少し離れて枝張りの広大さに感嘆したり、いつまでも飽きることなく見とれる。周辺には幹が白く苔むした染井吉野

が彩りを添えている。霊殿には八方睨《にら》みの「天井龍」、宸殿には狩野探幽の養子、狩野益信による水墨画の「九老之図」など116面にも及ぶ襖絵があり、現代のトリックアートさながらに楽しめる。

（地図P107㋑）

〈桜メモ〉4月上旬／枝垂桜、山桜、染井吉野、彼岸桜、八重桜など約70本

①圧巻の毘沙門枝垂
②③本堂脇の染井吉野
④⑤一切経堂横の若い紅枝垂

寄り道メモ

春秋山荘 蕎麦高月

川のせせらぎを聞きながら、桜や紅葉、竹に囲まれた庭を眺めつつ、季節の彩り豊かな蕎麦懐石を。明治3年造の藁葺き屋根の古民家で、なつかしくぜいたくな時を過ごせる。

伝説と重ね合わせて見る

〈大石神社〉

深山にいだかれた樹々豊かな神社。大石内蔵助《くらのすけ》が討ち入りまでの間、この地に身を隠したと伝えられている。鳥居横、荘厳に構える枝垂桜は御神木として崇められ、「大石桜」と呼ばれている（写真）。見頃を迎える3月下旬、天高く勇ましく降り注ぐ花々を、志を持ち潔く散っていった四十七人の命と重ね合わせて仰ぎ見る人が絶えることはない。境内から髪塚の方へ進めば、なだらかな斜面へ幾本もの染井吉野がのびのびと青空に舞う。ベンチもあり、春のうららかな時をのんびりと過ごせるところ。岩屋寺に立ち寄り、凜と咲く染井吉野も見て帰りたい。（地図P107㈧）

〈桜メモ〉3月下旬～4月上旬／大石桜（枝垂桜）、染井吉野など

桜の授与品

【はなさち守（花幸守）】

万人に愛される満開の桜のように
人をひきつける魅力で幸を得られますように。

西山

古くは由緒ある
狩り場とされており、
今なお自然が色濃く残る地域。
緑の中を深呼吸をしながら、
桜探しに出かけたい。

桜スポット　　■…寄り道スポット

イ…勝持寺(P114)　ロ…大原野神社(P115)　ハ…正法寺(P115)　ニ…善峯寺(P116)

窓ごしに見る
桜の透かし彫りから見る

〈勝持寺《しょうじじ》〉

別名「花の寺」と呼ばれ、親しまれている勝持寺。生涯を桜に捧げた歌人、西行法師はこの寺で出家し、鐘楼堂の傍らに一株の桜を植え、旅先から心を馳せていたと伝えられている。現在の「西行桜」（写真左上）は三代目となる。丘の上の「高遠閣」の窓ごしに見る染井吉野と枝垂桜の紅色が織りなす風景も圧巻だ（写真上）。「桜よ散るな」という勅令を出す帝《みかど》がいないものか、と詠った西行の気持ちに静かに寄り添いたくなる。玄関脇、桜の透かし彫りが施された木戸から庭をのぞき（写真左下）、桜形に切り取った花景色ごと、やわらかな心の包み紙にそうっと包んで大切に持ち帰りたい。（地図P113㋑）

〈桜メモ〉4月上旬～中旬／西行桜（枝垂桜）、紅枝垂、染井吉野、山桜、里桜など約100本

千の眼を見る

〈大原野神社〉

まっすぐな蒼い竹林が深く何層にも折り重なる大原野。ここには奈良、春日大社の分霊が祀られており、本殿前には狛犬ならぬ神鹿《しんろく》が鎮座する。神社参道には樹齢約70年、純白で一重の花を持つ枝垂桜が神々しく咲く。花のガクがたくさんの眼のように見えたことから「千眼桜」と名付けられている。鯉沢池のほとりには春日乃茶屋があり、千眼桜を愛でながら、ほっこりとお茶の時間も楽しめる。（地図P113㋺）

〈桜メモ〉3月下旬～4月上旬／山桜・枝垂桜、千眼桜（4月10日頃）

山並みと見る 石と見る

〈正法寺《しょうぼうじ》〉

境内の石庭「宝生苑」には、澄みわたる空と白砂に照らされ、誇らしげに一本の枝垂桜が咲く（写真）。鳥のさえずり、さらさらと樹々のそよぐ音に耳を傾け、庭全体を見渡すと、遠くにかすむ東山のなだらかな山並みと京の街を借景としたそのおおらかな風景に出会える。南側には、水面がエメラルドグリーンに輝く千原池の傍らに、静かに降り注ぐ枝垂桜の姿も見られる。（地図P113㋩）

〈桜メモ〉3月下旬～5月上旬／山桜、紅枝垂、御衣黄（ぎょいこう）、八重桜など

寄り道メモ

〈大原野神社〉

こばやし

よもぎの風味が豊かに香る草餅と鉄火みそ、高菜など種類豊富なおやきが名物。季節野菜の佃煮、春には地元の名産品筍などの販売も。

いろんな角度から見る
〈善峯寺《よしみねでら》〉

〈桜メモ〉
4月初旬〜中旬／枝垂桜、山桜、染井吉野、里桜など、約500本

桜の授与品

多宝塔・枝垂桜・遊龍松が描かれた御懐紙

圧倒的な存在感で咲き誇る、桂昌院お手植えの樹齢３００年におよぶ枝垂桜（写真右）。天高く枝をはり、地をなでる細枝の先々まで花はたわわに咲き誇り、内に立つ人々をあたたかく包み込む。横から見ると、根元からのびるもみじの細枝が、古木の幹に複雑に絡み合いながら支え、結び木となっていることに気づく（写真下）。正面、内側そして階段から、一本の桜を様々な角度から見ることによって、隠された部分に気づき、あらためてその力強い美しさを心の底から讃えたくなる。（地図Ｐ１１３㊂）

《桂昌院について》

桂昌院は京都堀川の八百屋の生まれから、のちに五代将軍徳川綱吉の生母となる。大奥では最高位に就き、権力をふるったと伝えられているが、信仰心が深く、応仁の乱で焼かれた善峯寺や勝持寺をはじめ、多くの寺社の復興に努めた。幼少の頃より父に連れられ、この寺に頻繁に参拝し、父の他界後も母と共に2年半の奉仕をしたという。枝垂桜を自らの手で植えたのは、他界するわずか数年前ではないかと思われる。家族との思い出が一番深いこの寺にどのような気持ちで桜を植えたのだろう。

＊(所)所在地（すべて京都市です）、☎電話番号、(時)時間、(料)拝観料など（大人１人）、✿ライトアップや花見席・イベントの情報、㋐アクセスの順に掲載しています。なお、情報は2010年10月現在のものです。

長徳寺……P26（地図P11）
(所)左京区田中下柳町34-1　☎075-781-3080
(時)日中随時　(料)境内自由　㋐京阪線「出町柳」徒歩1分

知恩寺……P26（地図P11）
(所)左京区田中門前町103　☎075-781-9171
(時)日中随時　(料)境内自由　㋐市バス「百万遍」徒歩1分、または京阪線「出町柳」徒歩10分

洛東２

祇園白川……P28（地図P27）
(所)東山区　✿ライトアップ
㋐京阪線「祇園四条」徒歩6分

円山公園……P29（地図P27）
(所)東山区円山町他　(時)随時　(料)入園自由　✿枝垂桜のライトアップ　㋐市バス「祇園」徒歩3分、または京阪線「祇園四条」徒歩10分

高台寺……P30（地図P27）
(所)東山区高台寺下河原町526　☎075-561-9966
(時)9:00～17:30（受付～17:00、夜桜期間は～22:00）　(料)600円　✿夜間特別拝観ライトアップ
㋐市バス「東山安井」徒歩5分

建仁寺……P30（地図P27）
(所)東山区大和大路通四条下ル小松町
☎075-561-6363　(時)10:00～17:00（受付～16:30）　(料)500円　㋐京阪線「祇園四条」徒歩7分、または阪急「河原町」徒歩10分

知恩院……P31（地図P27）
(所)東山区林下町400　☎075-531-2111
(時)9:00～16:30（受付～16:00）(料)庭園2カ所共通500円　㋐地下鉄東西線「東山」徒歩8分、または市バス「知恩院前」徒歩5分

安祥院……P31（地図P27）
(所)東山区五条通東大路東入ル遊行前町560
☎075-561-0655　(時)8:00～17:00　(料)境内自由
㋐市バス「五条坂」徒歩5分

京都国立博物館……P32（地図P27）
(所)東山区茶屋町527　☎075-525-2473
(時)9:30～18:00（入館～17:30）・月曜休館（例外あり）　(料)観覧料は各展覧会により異なる
㋐京阪線「七条」徒歩7分、または市バス「博物館三十三間堂前」すぐ

養源院……P33（地図P27）
(所)東山区三十三間堂廻り町656
☎075-561-3887　(時)9:00～16:00
(料)境内自由／拝観500円　㋐市バス「博物館三十三間堂前」徒歩3分、または京阪線「七条」徒歩10分

洛中１

京都府庁旧本館……P38（地図P37）
(所)上京区下立売通新町西入ル薮ノ内町　京都府庁内
☎075-414-5435（京都府府有資産活用課）
(時)10:00～17:00
✿春の一般公開・観桜会／開花により時期は異なる
㋐地下鉄烏丸線「丸太町」徒歩10分

元離宮二条城……P40（地図P37）
(所)中京区二条通堀川西入ル二条城町541
☎075-841-0096　(時)8:45～17:00（受付～16:00）　(料)600円　✿ライトアップ
㋐地下鉄東西線「二条城前」、市バス「二条城前」すぐ

神泉苑……P42（地図P37）
(所)中京区御池通神泉苑町東入ル門前町166
(時)日中随時　(料)境内自由　㋐市バス「神泉苑前」すぐ、または地下鉄東西線「二条城前」徒歩2分
http://www.shinsenen.org/

本満寺……P43（地図P37）
(所)上京区寺町通今出川上ル2丁目鶴山町16
☎075-231-4784　(時)9:00～17:00　(料)境内自由
㋐京阪線「出町柳」徒歩7分、または市バス「葵橋西詰」徒歩5分

京都御苑……P44（地図P37）
(所)上京区京都御苑3　☎075-211-6348（環境省京都御苑管理事務所）　(時)入苑自由
㋐地下鉄烏丸線「今出川」、「丸太町」すぐ

本法寺……P48（地図P37）
(所)上京区小川通寺之内上ル本法寺前町617
☎075-441-7997　(時)10:00～16:00　(料)境内自由
宝物館・庭園500円　㋐市バス「堀川寺ノ内」徒歩1分

桜 情 報

洛 東 1

哲学の道……P12（地図 P11）
(所)左京区

宗忠神社……P14（地図 P11）
(所)左京区吉田下大路町63　☎075-771-2700
(時)日中随時　(料)境内自由　㋐市バス「京大正門前」徒歩15分、または「銀閣寺道」徒歩15分

竹中稲荷社(吉田神社内)……P14(地図 P11)
(所)左京区吉田神楽岡町30　☎075-771-3788（吉田神社）　(時)日中随時　(料)境内自由
㋐市バス「京大正門前」徒歩5分、または「銀閣寺道」徒歩5分

熊野若王子神社……P15（地図 P11）
(所)左京区若王子町2　☎075-771-7420
(時)日中随時　(料)境内自由　㋐市バス「南禅寺・永観堂道」徒歩5分、または「東天王町」徒歩5分

大豊神社……P15（地図 P11）
(所)左京区鹿ケ谷宮ノ前町1
☎075-771-1351　(時)日中随時　(料)境内自由
㋐市バス「宮ノ前町」徒歩5分

平安神宮……P16（地図 P11）
(所)左京区岡崎西天王町　☎075-761-0221
(時)8:30～17:30（3月15日～9月30日）(料)参拝無料
神苑拝観／600円　✿観桜茶会4月1日～15日
㋐市バス「京都会館美術館前」徒歩3分

岡崎十石舟……P18（地図 P11）
（岡崎桜回廊十石舟めぐり）
(所)左京区南禅寺　舟溜り乗船場　☎075-321-7696（京都府旅行業協同組合）　(時)9:30～16:30（15分ごとに出発・所要時間約25分）(料)大人1000円・小人500円　㋐地下鉄東西線「蹴上」徒歩5分、または市バス「京都会館美術館前」徒歩10分

岡崎疏水……P19（地図 P11）
(所)左京区　✿ライトアップ

インクライン……P19（地図 P11）
(所)左京区栗田口山下町～南禅寺草川町　(時)自由
㋐地下鉄東西線「蹴上」すぐ

京都市美術館……P20（地図 P11）
(所)左京区岡崎円勝寺町124
☎075-771-4107　(時)9:00～17:00（入場～16:30)・月曜休館（祝日を除く）(料)観覧料は各展覧会により異なる　㋐市バス「京都会館美術館前」すぐ、または地下鉄東西線「東山」徒歩10分

京都国立近代美術館……P21（地図 P11）
(所)左京区岡崎円勝寺町　☎075-761-4111
(時)9:30～17:00（入館～16:30)・月曜休館（例外あり）(料)観覧料は各展覧会により異なる　㋐市バス「京都会館美術館前」すぐ、または地下鉄東西線「東山」徒歩10分

南禅寺……P21（地図 P11）
(所)京都市左京区南禅寺福地町　☎075-771-0365
(時)8:40～17:00（受付～16:40）(料)境内自由／方丈庭園500円・三門500円・南禅院300円　㋐地下鉄東西線「蹴上」、市バス「東天王町」、「南禅寺・永観堂道」徒歩5分

京都市動物園……P22（地図 P11）
(所)左京区岡崎法勝寺町 岡崎公園内
☎075-771-0210　(時)9:00～17:00（入場～16:30)・月曜休園（祝日の場合は翌平日）(料)600円
㋐市バス「動物園前」すぐ、または地下鉄東西線「蹴上」徒歩5分、「東山」徒歩10分

真如堂……P23（地図 P11）
(所)左京区浄土寺真如町82　☎075-771-0915
(時)9:00～16:00（受付～15:45）(料)本堂・庭園500円／境内自由　㋐市バス「真如堂前」徒歩8分

金戒光明寺……P23（地図 P11）
(所)左京区黒谷町121　☎075-771-2204
(時)9:00～16:00　(料)境内自由
㋐市バス「東天王町」徒歩10分

北白川疏水……P24（地図 P11）
(所)銀閣寺西方より高野川まで

鷺森神社……P25（地図 P11）
(所)左京区修学院宮ノ脇町16　☎075-781-6391
(時)日中随時　(料)境内自由　㋐叡電「修学院」徒歩10分、または市バス「修学院道」徒歩7分

法輪寺……P73（地図P67）
(所)西京区嵐山虚空蔵山町　☎075-861-0069
(時)9:00～17:00 (料)境内自由 (ア)阪急嵐山線「嵐山」徒歩5分、または嵐電嵐山本線「嵐山」徒歩10分

二尊院……P74（地図P67）
(所)右京区嵯峨二尊院門前長神町27
☎075-861-0687 (時)9:00～16:30 (料)500円
(ア)JR嵯峨野線「嵯峨嵐山」徒歩20分

亀山公園……P74（地図P67）
(所)右京区嵯峨亀ノ尾町　☎075-701-0101
(時)自由　(料)入園自由
(ア)嵐電嵐山本線・阪急嵐山線「嵐山」徒歩15分

大河内山荘庭園……P75（地図P67）
(所)右京区嵯峨小倉山田淵山町8　☎075-872-2233
(時)9:00～17:00　(料)1000円（菓子・抹茶付）
(ア)嵐電嵐山本線「嵐山」徒歩15分

大覚寺・大沢池……P76（地図P67）
(所)右京区嵯峨大沢町4　☎075-871-0071
(時)9:00～17:00（受付～16:30）　(料)500円
(ア)市バス「大覚寺」すぐ

佐野藤右衛門邸……P78（地図P67）
(所)右京区山越中町13
☎075-871-4202［(株)植藤造園］
(時)日中随時　(料)無料
✿開花時期に合わせて篝火　(ア)市バス「山越」すぐ

広沢池……P81（地図P67）
(所)右京区嵯峨広沢町　(ア)市バス「山越」徒歩7分、または「大覚寺」徒歩15分

京都市宇多野ユースホステル……P81（地図P67）
(所)右京区太秦中山町29　☎075-462-2288
✿開花時期に合わせて桜の庭園一般公開
(ア)市バス「ユースホステル前」徒歩1分、または「山越中町」徒歩10分　駐車場なし

仁和寺……P82（地図P67）
(所)右京区御室大内33　☎075-461-1155
(時)9:00～17:00（受付～16:30、3～11月）
(料)500円　✿桜まつり4月初旬～下旬
(ア)市バス「御室仁和寺」すぐ、または嵐電北野線「御室仁和寺」徒歩3分

退蔵院……P83（地図P67）
(所)右京区花園妙心寺町35　☎075-463-2855
(時)9:00～17:00（受付～16:45・ライトアップ期間4月1日～20日は17:00～20:00）(料)500円
(ア)JR嵯峨野線「花園」徒歩6分
✿「観桜会」7000円 要予約 問い合わせ「花ごころ」
☎075-467-1666

龍安寺……P84（地図P67）
(所)右京区龍安寺御陵下町13　☎075-463-2216
(時)8:00～17:00（3月～11月末）、8:30～16:30（12月～2月末）(料)500円 (ア)嵐電北野線「龍安寺」徒歩7分、または市バス「竜安寺前」徒歩1分

法金剛院……P85（地図P67）
(所)右京区花園扇野町49　☎075-461-9428
(時)9:00～16:00　(料)400円
(ア)JR嵯峨野線「花園」徒歩3分

原谷苑……P86（地図P67）
(所)北区大北山原谷乾町36　☎075-492-1963（春の開苑中専用電話　☎075-461-2924）
(時)9:00～17:00（入苑受付～16:30）桜、梅、紅葉の時期のみ開苑（桜は4月上旬～下旬）
(料)平日1200円、土日祝1500円／桜の開花状況により割引あり　(ア)市バス「原谷農協前」、「原谷」徒歩2分　駐車場なし

洛北

宝ケ池……P92（地図P91）
(所)左京区上高野流田町8　☎075-781-3010（宝が池公園事務所）(時)日中随時。ただし子どもの楽園の時間制限有（大人だけの入園不可）(料)無料
(ア)地下鉄烏丸線「国際会館」、または市バス・京都バス「国際会館駅前」徒歩5分

上賀茂神社……P94（地図P91）
(所)北区上賀茂本山339　☎075-781-0011
(時)日中随時　(料)境内自由
(ア)市バス「上賀茂神社前」すぐ

京都府立植物園……P96（地図P91）
(所)左京区下鴨半木町　☎075-701-0141
(時)9:00～17:00（入場～16:00）
(料)200円　✿「（4月）名誉園長さんときまぐれ散歩・たそがれ、桜、一週間、（5月）園長さんと季節を歩く」が開かれる
(ア)地下鉄烏丸線「北山」、市バス「植物園前」徒歩5分

賀茂川……P98（地図P91）

半木の道……P99（地図P91）
(所)左京区下鴨半木町

水火天満宮……P48（地図 P37）
(所)上京区堀川通上御霊前上ル扇町722-10
☎075-451-5057　(時)日中随時　(料)境内自由
✿ライトアップ　㋐市バス「天神公園前」徒歩2分、または地下鉄烏丸線「鞍馬口」徒歩10分

妙蓮寺……P49（地図 P37）
(所)上京区寺之内通堀川西入ル
☎075-451-3527　(時)10:00～16:00・水曜休
(料)境内自由　㋐市バス「堀川寺ノ内」徒歩3分

雨宝院……P50（地図 P37）
(所)上京区智恵光院通上立売西入ル上ル聖天町9-3
☎075-441-8678　(時)6:30～17:00（開花期～17:30）　(料)境内自由　㋐市バス「今出川浄福寺」徒歩5分、または市バス「千本上立売」徒歩8分

千本釈迦堂……P52（地図 P37）
(所)上京区今出川通七本松上ル溝前町
☎075-461-5973　(時)9:00～17:00
(料)境内無料／本堂・霊宝殿500円
㋐市バス「上七軒」徒歩3分

平野神社……P54（地図 P37）
(所)北区平野宮本町1　☎075-461-4450
(時)6:00～17:00（桜花期は22:00ごろまで）
(料)境内自由　✿ライトアップ、花見席（席料必要）
㋐市バス「衣笠校前」徒歩1分

千本ゑんま堂……P56（地図 P37）
(所)上京区千本通蘆山寺上ル閻魔前町34
☎075-462-3332　(時)日中随時　(料)境内自由
✿普賢象桜の夕べ4月第3土曜日
㋐市バス「千本鞍馬口」、「乾隆校前」徒歩3分

上品蓮台寺……P57（地図 P37）
(所)北区紫野十二坊町33-1　☎075-461-2239
(時)9:00～17:00　(料)境内自由
㋐市バス「千本北大路」、「千本鞍馬口」徒歩3分

洛中2

六角堂……P60（地図 P58・59）
(所)中京区六角通東洞院西入ル堂之前町248
☎075-221-2686　(時)6:00～17:00
(料)境内自由　㋐地下鉄烏丸線「烏丸御池」徒歩3分、または阪急京都線「烏丸」徒歩5分

佛光寺……P61（地図 P59）
(所)下京区新開町397　☎075-341-3321
(時)9:00～15:30　(料)境内自由　㋐阪急京都線「烏丸」徒歩5分、または地下鉄烏丸線「四条」徒歩2分

鴨川……P62（地図 P58・59）

高瀬川……P63（地図 P58・59）
(所)中京区　✿ライトアップ

渉成園……P64（地図 P59）
(所)下京区下珠数屋町通間之町東入ル東玉水町
☎075-371-9210（東本願寺）
(時)9:00～16:00（受付～15:30）　(料)参観500円以上の協力寄付金　㋐JR ほか「京都」徒歩10分、または地下鉄烏丸線「五条」徒歩7分

六孫王神社……P64（地図 P59）
(所)南区壬生通八条角　☎075-691-0310
(時)日中随時　(料)境内自由　㋐JR ほか「京都」徒歩13分、または市バス「六孫王神社前」徒歩1分

洛西

嵐山……P68（地図 P67）
㋐嵐電嵐山本線・阪急嵐山線「嵐山」すぐ

嵐電……P70（地図 P67）
(所)右京区　☎075-801-5315（京福電気鉄道株式会社本社）　✿ライトアップ区間／嵐電北野線鳴滝駅～宇多野駅間200mの「桜のトンネル」
✿実施期間／4月上旬頃（開花時期に合わせて）
✿点灯時間／19時前～20時50分頃まで（電車の運行にあわせて）

車折神社……P71（地図 P67）
(所)右京区嵯峨朝日町23　☎075-861-0039
(時)日中随時（社務所8:30～17:30）　(料)境内自由
㋐嵐電嵐山本線「車折神社」すぐ

天龍寺……P72（地図 P67）
(所)右京区嵯峨天龍寺芒ノ馬場町68
☎075-881-1235　(時)8:30～17:30（10月21日～3月20日は～17:00）　(料)庭園500円（諸堂参拝は100円追加）㋐嵐電嵐山本線「嵐山」すぐ、またはJR 嵯峨野線「嵯峨嵐山」徒歩13分

嵯峨釈迦堂（清凉寺）……P73（地図 P67）
(所)右京区嵯峨釈迦堂藤ノ木町46
☎075-861-0343　(時)本堂9:00～16:00
(料)境内無料／本堂400円　㋐JR 嵯峨野線「嵯峨嵐山」徒歩10分、または京都バス「嵯峨釈迦堂前」徒歩2分

崎有楽荘1F ☎075-762-1299 (時)11:00～18:00（L.O.17:30） (休)月曜（火曜不定休）

吉田山荘ティーサロン 真古館……P22（地図P11）
(所)左京区吉田下大路町59-1 ☎075-771-6125
(時)11:00～18:00（L.O.17:30） (休)不定休

小さい部屋……P25（地図P11）
(所)左京区北白川堂ノ前町39-6 太陽ビル2F
☎075-702-7918 (時)11:30～18:30
(休)水曜・木曜

弁天茶屋……P25（地図P11）
(所)左京区一乗寺竹ノ内町15 ☎075-711-5665
(時)11:00～17:00 (休)無休(1月～3月は木曜定休)

ベーカリー柳月堂……P26（地図P11）
(所)左京区田中下柳町5-1 出町柳駅前
☎075-781-5161 (時)7:30～22:00 (休)土曜

緑寿庵清水……P26（地図P11）
(所)左京区吉田泉殿町38番地の2
☎075-771-0755 (時)10:00～17:00 (休)水曜・第4火曜（祝日は営業）

Limour……P26（地図P11）
(所)左京区田中里ノ前町49 ☎075-781-9848
(時)店頭販売／11:00～19:00 サロン・ド・テ／13:00～19:00（L.O.18:30） (休)水曜・木曜

洛東2

尾張屋……P28（地図P27）
(所)東山区新門前道大和大路東入ル
☎075-561-5027 (時)8:00～19:00
(休)不定休（来店前に一報を）

原了郭……P28（地図P27）
(所)東山区祇園町北側267 ☎075-561-2732
(時)10:00～18:00 (休)木曜

祇園小石……P29（地図P27）
(所)東山区祇園町北側286-2 ☎075-531-0331
(時)10:30～19:30 (休)不定休

裏具……P30（地図P27）
(所)東山区宮川筋4丁目297 ☎075-551-1357
(時)12:00～18:00 (休)月曜（祝日の場合翌日）

蒼穹……P31（地図P27）
(所)東山区川端四条下ル宮川筋4-311-6 1F
☎075-532-1818 (時)11:00～17:00
(休)月曜・第2日曜

味不二庵……P33（地図P27）
(所)東山区大和大路通七条下ル3丁目上池田町539
☎075-541-4566 (時)9:00～17:30 (休)日曜・祝日

洛中1

麩嘉……P38（地図P37）
(所)上京区西洞院椹木町上ル東裏辻町413
☎075-231-1584 (時)9:00～17:00
(休)月曜・最終日曜

ギャラリー モーネンスコンピス……P41（地図P37）
(所)上京区堀川通丸太町下ル下堀川町154-1
（株）エーワンテック本社ビル3F
☎075-821-3477 (時)12:00～17:00 (休)不定休

喫茶チロル……P42（地図P37）
(所)中京区御池通大宮西入ル門前町539-3
☎075-821-3031 (時)6:30～19:00 (休)日曜・祝日

大黒屋鎌餅本舗……P43（地図P37）
(所)上京区寺町通今出川上ル四丁目西入ル阿弥陀寺前町25 ☎075-231-1495 (時)8:30～20:00
(休)第1・3水曜（祝日の場合は営業）

虎屋菓寮 京都一条店……P47（地図P37）
(所)上京区一条通烏丸西入ル ☎075-441-3113
(時)平日11:00～18:00（L.O.17:30）、土日祝日10:00～18:00(L.O.17:30) (休)無休(元旦を除く)

本田味噌本店……P47（地図P37）
(所)上京区室町通一条558 ☎075-441-1131
(時)10:00～18:00 (休)日曜

澤井醤油本店……P47（地図P37）
(所)上京区中長者町新町西入仲之町292
☎075-441-2204 (時)9:00～17:00
（日祝10:30～15:30） (休)不定休、年末年始、お盆

KARAIMO BOOKS……P49（地図P37）
(所)上京区大宮通芦山寺上ル西入ル社横町301
☎075-203-1845 (時)12:00～20:00
(休)火曜・水曜

松ケ崎疏水……P100（地図P91）
(所)左京区

高野川……P101（地図P91）
(所)左京区

常照寺……P102（地図P91）
(所)北区鷹峯北鷹峯町45　☎075-492-6775
(時)8:30～17:00　(料)300円
(ア)市バス「鷹峯源光庵前」徒歩2分

大宮交通公園……P105（地図P91）
(所)北区大宮西脇台町　☎075-491-0202
(時)9:00～16:30・火曜休園　(料)無料　(ア)市バス「大宮交通公園前」、「玄琢下」すぐ（駐車場の台数が少ないため来園には公共交通機関を利用のこと）

今宮神社……P106（地図P91）
(所)北区紫野今宮町21　☎075-491-0082
(時)日中随時　(料)境内自由　(ア)市バス「今宮神社前」すぐ、または「船岡山」徒歩7分

洛南・山科

山科疏水……P108（地図P107）
(所)山科区御陵界隈

城南宮……P109（地図P107）
(所)伏見区中島鳥羽離宮町7　☎075-623-0846
(時)9:00～16:30（受付～16:00）(料)神苑（楽水苑）500円　✿観桜方除大祭4月8日～10日
(ア)市バス「城南宮東口」徒歩5分、「城南宮」徒歩3分、または地下鉄烏丸線「竹田」徒歩15分

毘沙門堂……P110（地図P107）
(所)山科区安朱稲荷山町18　☎075-581-0328
(時)8:30～17:00境内自由　(料)拝観500円
(ア)JR京都線「山科」、京阪線「京阪山科」徒歩20分

大石神社……P112（地図P107）
(所)山科区西野山桜ノ馬場町116
☎075-581-5645　(時)9:00～16:00
(料)境内自由　✿4月第1日曜日「さくら祭」
(ア)京阪バス「大石神社前」徒歩1分

西山

勝持寺……P114（地図P113）
(所)西京区大原野南春日町1194
☎075-331-0601　(時)9:00～16:30
(料)400円　✿桜開花時期にお茶会
(ア)阪急バス「南春日町」徒歩20分

大原野神社……P115（地図P113）
(所)西京区大原野南春日町1152　☎075-331-0014
(時)日中随時　(料)境内自由
(ア)阪急バス「南春日町」徒歩8分

正法寺……P115（地図P113）
(所)西京区大原野南春日町1102　☎075-331-0105
(時)9:00～17:00　(料)300円
(ア)阪急バス「南春日町」徒歩10分

善峯寺……P116（地図P113）
(所)西京区大原野小塩町1372　☎075-331-0020
(時)8:00～17:00（受付～16:30）(料)500円
(ア)阪急バス「善峯寺」徒歩8分、または阪急京都線「長岡天神」からタクシー20分

寄り道情報

＊(所)所在地（すべて京都市です）、☎電話番号、(時)時間、(休)定休日の順に掲載しています。なお、情報は2010年10月現在のものです。

洛東1

田中美穂植物店コーヒショップ
……P13（地図P11）
(所)左京区浄土寺下南田町37-4
(時)10:30～18:00　(休)火曜・21日・25日

ティーハウスアッサム……P14（地図P11）
(所)左京区鹿ケ谷上宮ノ前町53　☎075-751-5539
(時)11:00～19:00（L.O.18:30）
水曜11:00～17:30（L.O.17:00）(休)木曜

京都版画館 版元まつ九……P18（地図P11）
(所)左京区聖護院蓮華蔵町33　☎075-761-0374
（入館要予約、入館無料）(時)10:00～16:00
(休)日曜・祝日

好日居……P19（地図P11）
(所)左京区岡崎円勝寺町91　☎075-761-5511
(時)13:00～18:00　(休)月曜・火曜、臨時休

オ・タン・ペルデュ……P20（地図P11）
(所)左京区岡崎円勝寺町64-1 パークハウス京都岡

London Books……P71（地図 P67）
(所)右京区嵯峨天龍寺今堀町22　☎075-871-7617
(時)10:00～19:30　(休)月曜・第3火曜

嵯峨野湯……P71（地図 P67）
(所)右京区嵯峨天龍寺今堀町4-3
☎075-882-8985　(時)11:00～20:00　(休)不定休

大文字屋……P73（地図 P67）
(所)右京区嵯峨釈迦堂藤ノ木町46　清凉寺境内
☎075-872-5577　(時)10:00～16:00　(休)不定休

御室さのわ……P82（地図 P67）
(所)右京区御室竪町25-2 デラシオン御室1F
☎075-461-9077　(時)10:00～18:00　(休)月曜

堂本印象美術館……P85（地図 P67）
(所)北区平野上柳町26-3　☎075-463-0007
(時)9:30～17:00（入館は閉館30分前まで）
(休)月曜（休日の場合はその翌日）及び 年末年始
（12月28日～1月4日）
＊但し、展示替えなどで臨時休館することも。

洛 北

長久堂 北山店……P93（地図 P91）
(所)北区上賀茂畔勝町97-3　☎075-712-4405
(時)9:00～17:30　(休)木曜・1月1日

AVRIL 本店……P95（地図 P91）
(所)北区上賀茂朝露ヶ原町26　☎075-702-9406
(時)11:00～17:00　(休)土曜・日曜・祝日

光悦茶家……P103（地図 P91）
(所)北区鷹峯光悦町46　☎075-492-5151
(時)11:00～16:00　(休)火曜（11月は無休）

klore……P104（地図 P91）
(所)北区鷹峯藤林町6長八館1F　☎075-495-6313
(時)9:00～18:00　(休)火曜・水曜

松野醤油……P104（地図 P91）
(所)北区鷹峯土天井町21　☎075-492-2984
(時)9:00～18:00　(休)12月30日～1月5日

ズーセス ヴェゲトゥス
……P105（地図 P91）
(所)北区紫竹下竹殿町16　☎075-634-5908
(時)11:00～19:00　(休)水曜・木曜

御倉屋……P105（地図 P91）
(所)北区紫竹北大門町78　☎075-492-5948
(時)9:00～18:00（要予約）　(休)1日、15日

一文字屋和助……P106（地図 P91）
(所)北区紫野今宮町69　☎075-492-6852
(時)10:00～17:00　(休)水曜（水曜が祝日、1日、15日の場合は翌木曜休み）

紫野源水……P106（地図 P91）
(所)北区小山西大野町78-1　☎075-451-8857
(時)9:30～18:30　(休)日曜・祝日

洛 南・山 科

喜仙堂……P108（地図 P107）
(所)山科区西野大手先町1-14　☎075-581-5454
(時)9:30～18:00　(休)火曜・第1月曜　＊午前中で売り切れることが多いので、なるべく事前予約を。

GARUDA COFFEE……P108（地図 P107）
(所)山科区御陵別所町11-11　☎075-202-6228
(時)12:00～18:00　(休)不定休（日曜のみ営業）
＊ HPまたは電話にて、事前に営業の確認を。
http://blog.garuda-coffee.shop-pro.jp/

おせきもち……P109（地図 P107）
(所)伏見区中島御所ノ内町16　☎075-611-3078
(時)8:30～18:00　(休)月曜・火曜

春秋山荘　蕎麦高月……P111（地図 P107）
(所)山科区安朱稲荷山町6　☎075-501-1989
(時)11:30～21:00　(休)月曜・第2、第4火曜（4月、11月は月曜のみ）

西 山

こばやし……P115（地図 P113）
(所)西京区大原野南春日町2246（大原野神社駐車場前）
☎075-331-3102（春・秋の季節限定で営業）

コラム① 桜あそび

フルーツ＆カフェ ホソカワ
……P35（地図 P91）
(所)左京区下鴨東本町8　☎075-781-1733
(時)10:00～18:00　(休)水曜

かま八老舗……P51（地図 P37）
〔所〕上京区五辻通浄福寺西入ル一色町12
☎075-441-1061　〔時〕8:30～18:30　〔休〕無休

京都西陣蜂蜜専門店 ドラート
……P51（地図 P37）
〔所〕上京区大宮通五辻上ル西入ル紋屋町323
☎075-411-5101　〔時〕13:00～18:00　〔休〕木曜

フルーツパーラー クリケット
……P54（地図 P37）
〔所〕北区平野八丁柳町68-1　サニーハイム金閣寺
☎075-461-3000　〔時〕平日10:00～19:00、
日曜・祝日10:00～18:00　〔休〕火曜

マガザン・デ・フレーズ
（サロン／ル サロン セレクショネ）
……P57（地図 P37）
〔所〕上京区千本通蘆山寺上ル閻魔前町29
☎075-463-8898　〔時〕9:00～19:00
〔休〕不定休　＊HPにて、事前に営業の確認を。
http://ichigonoomise.com/

洛中2

大極殿「栖園」……P60（地図 P58・59）
〔所〕中京区六角通高倉東入ル南側
☎075-221-3311　〔時〕10:00～17:30　〔休〕水曜

亀末廣……P60（地図 P58・59）
〔所〕中京区姉小路通烏丸東入ル　☎075-221-5110
〔時〕8:30～18:00　〔休〕日曜・祝日

畑野軒老舗……P61（地図 P58・59）
〔所〕中京区錦小路通高倉東入ル中魚屋町502
☎075-221-2268　〔時〕9:00～18:00　〔休〕水曜

casier……P65（地図 P59）
〔所〕下京区泉正寺町466　日宝京都2号館1F-1
☎075-361-5705　〔時〕12:00～19:00　〔休〕月曜

kitone……P65（地図 P59）
〔所〕下京区燈籠町589-1　☎075-352-2428
〔時〕12:00～18:00　〔休〕日曜・月曜（臨時休業もあり。
来店前に要電話確認）

内藤商店……P65（地図 P58・59）
〔所〕中京区三条大橋西詰　☎075-221-3018
〔時〕9:30～19:30　〔休〕年始、他不定休

本家 船はしや……P65（地図 P58・59）
〔所〕中京区三条大橋西詰112
☎075-221-2673　〔時〕10:00～20:00　〔休〕無休

月餅家直正……P65（地図 P58・59）
〔所〕中京区木屋町通三条上ル上大阪町530
☎075-231-0175　〔時〕9:30～19:00
〔休〕木曜・第3水曜

ELEPHANT FACTORY COFFEE
……P65（地図 P58・59）
〔所〕中京区蛸薬師通東入ル備前島町309-4
HKビル2F　☎075-212-1808
〔時〕13:00～25:00　〔休〕木曜

hohoemi……P65（地図 P58・59）
〔所〕上京区荒神口河原町東入ル亀屋町128
☎075-212-7727　〔時〕11:00～19:00
〔休〕水曜・木曜

トリバザール……P65（地図 P58・59）
〔所〕上京区東三本木通丸太町上ル中之町496
☎075-231-1670　〔時〕11:00～19:00
〔休〕毎週木曜・隔週水曜

モンパルカマダ……P65（地図 P59）
〔所〕南区八条通壬生東入ル八条町458
☎075-691-8733　〔時〕7:00～19:00
〔休〕日曜・祝日（21日の場合は営業）

洛西

琴きき茶屋……P68（地図 P67）
〔所〕右京区嵯峨天龍寺芒ノ馬場町1
☎075-861-0184　〔時〕10:00～17:00
〔休〕木曜（水曜不定休）

いしかわ竹乃店……P71（地図 P67）
〔所〕右京区嵯峨天龍寺造路町35
☎075-861-0076　〔時〕10:00～18:00
〔休〕無休（水曜不定休）

ふたば菓舗太秦庵……P71（地図 P67）
〔所〕右京区太秦西蜂岡町9-30　☎075-861-3349
〔時〕8:00～19:00（土祝8:00～18:00）
〔休〕日曜（お彼岸、お盆、祝日は営業）

鶴屋寿……P71（地図 P67）
〔所〕右京区嵯峨天龍寺芒ノ馬場町22
☎075-862-0860　〔時〕10:00～18:00　〔休〕無休

フルーツパーラー ヤオイソ 烏丸店
……P35（地図 P37）
(所)上京区烏丸上立売上ル御所八幡町104-1
☎075-451-8415 (時)10:00～18:45
(休)不定休

まるき製パン所……P35（地図 P59）
(所)下京区松原通堀川西入ル北門前町740
☎075-821-9683 (時)平日6:30～20:00、日曜・祝日7:00～14:00 (休)不定休

TOCOHA BAKERY……P35（地図 P91）
(所)北区上賀茂岩ヶ垣内町22 パティオ北山102
☎075-723-8380 (時)10:00～19:30(売切れ次第閉店) (休)火曜・水曜（臨時休業あり）

伊藤柳櫻園茶舗……P35（地図 P58・59）
(所)中京区二条通御幸町西入ル丁字屋町690
☎075-231-3693 (時)9:00～18:00 (休)日曜

嘯月……P35（地図 P91）
(所)北区紫野上柳町6 ☎075-491-2464
(時)9:00～17:00 (休)日曜・祝日

聚洸……P35（地図 P37）
(所)上京区大宮寺之内上ル ☎075-431-2800
(時)10:00～17:00（要予約） (休)水曜・日曜・祝日

菱岩……P36（地図 P27）
(所)東山区新門前通大和大路東入ル西之町213
☎075-561-0413 (時)11:30～20:30（要予約） (休)日曜・最終月曜

三友居……P36（地図 P11）
(所)左京区北白川久保田町22-1 ☎075-781-8600
(時)予約受付9:00～18:00（要予約） (休)水曜

一保堂茶舗……P36（地図 P58・59）
(所)中京区寺町通二条上ル常盤木町52
☎075-211-3421 (時)9:00～19:00（日祝～18:00） (休)無休（正月を除く）

コラム③ 桜便り

京都版画館 版元まつ九……P123参照

京都鳩居堂……P88（地図 P58・59）
(所)中京区寺町姉小路上ル下本能寺前町520
☎075-231-0510 (時)10:00～18:00
(休)日曜（例外あり）

京極井和井……P88（地図 P58・59）
(所)中京区新京極四条上ル ☎075-221-0314
(時)平日10:30～21:00、土日祝10:00～21:00
(休)無休

ROKKAKU……P89（地図 P58・59）
(所)中京区六角通堺町東入ル堀ノ上町109 サクライカードビル内 ☎075-221-6280
(時)11:00～20:00 (休)水曜

京都下鴨高木郵便局……P88（地図 P91）
京都嵐山郵便局……P88（地図 P67）
伏見醍醐郵便局……P88（地図なし）
京都田中高原郵便局……P89（地図 P11）
左京郵便局……P89（地図 P11）
京都月見町郵便局……P89（地図 P27）
京都洛北高校前郵便局……P89（地図 P91）

コラム④ 桜小物

竹中木版 竹笹堂……P90（地図 P59）
(所)下京区綾小路通西洞院東入ル新釜座町737
☎075-353-8585 (時)13:00～18:00 (休)祝日

田丸印房(新京極店)……P90(地図 P58•59)
(所)中京区新京極通四条上ル錦角
☎075-221-2496 (時)10:00～20:00 (休)木曜

嵩山堂はし本……P90（地図 P58・59）
(所)中京区六角通麩屋町東入 ☎075-223-0347
(時)10:00～18:00 (休)無休(年末年始•お盆を除く)

参考文献
『櫻よ』佐野藤右衛門 聞き書き―小田豊二／集英社文庫
『桜のいのち 庭のこころ』佐野藤右衛門／草思社
『桜の雑学事典』井筒清次／日本実業出版社
『百分の一科事典・サクラ』スタジオ・ニッポニカ編／小学館文庫
『日本の桜』フィールド・ベスト図鑑 勝木俊雄／学習研究社
『サクラハンドブック』大原隆明／文一総合出版

おわりに

２００９年、春。

開花の声と同時に京都の東西南北を自転車で駆け巡り、桜の撮影をはじめました。撮影箇所は１００ヶ所、写真総数は1万枚に達しました。天気や気温に大きく左右され、何度か肩すかしにもあいました。

それでも、撮影中には思いもよらない桜との出会いもあり、その美しさにどんどん心を奪われていったのです。

本書には掲載できませんでしたが、「名もない桜」というテーマで撮影した写真もありました。

南禅寺下河原町のお屋敷通りに咲く枝垂桜、平安女学院有栖館の枝垂桜、修学院の山間にひっそりと咲く寒緋桜など、名所といわれる特別な場所以外にも、名もない、けれど美しい桜がたくさん存在しています。

何気ない日常に溶け込むように咲く桜もまた、まちがいなく京都の魅力のひとつです。


取材にご協力いただいた方々、デザイナーの関さん、松村さん、凸版ドリームチームの黒木さん、金子さん、石川さん、編集の馬場さん、信陽堂の丹治さん、美佳さん、京都さくらチームの美佐ちゃん、佐紀ちゃん、琴子ちゃん。そして支えてくれた家族、友人。

たくさんの方のおかげで大好きな桜の本を紡ぐことができました。心より御礼申し上げます。


この本を手にとってくださったみなさまの桜との時間が、より深くかけがえのない時間になりますように願いをこめて……。

２０１０年　初冬　ナカムラユキ

イラスト・写真・文　ナカムラユキ

イラストレーター。福岡市生まれ、京都・嵯峨野にて育つ。東京での活動を経て、京都在住。広告、書籍、雑誌などのイラストレーションを中心に商品企画なども手掛ける。京都・北白川のアトリエでフランス雑貨を扱うショップ&ギャラリー「trico＋」を2010年秋まで8年間にわたり運営。日々を京都で暮らしながら、四季を肌で感じ、いくつもの春を過ごす中でこの本は生まれました。
主な著書に『365日雑貨暦』『京都に暮らす雑貨暦』『京都文具探訪』（アノニマ・スタジオ）、『パリ雑貨日記』『pieni tyttö〜小さな女の子の小さなケーキ屋さん』（mille books）、『雑貨屋レシピ』（主婦の友社）など、他共著多数。

編集　丹治史彦・井上美佳（信陽堂編集室）
アートディレクション　関宙明（ミスター・ユニバース）
デザイン　松村有里子（ミスター・ユニバース）
扉・全体map制作　高浜美佐子
寄り道メモ取材協力　小西佐紀子
スタンプ制作　登由香・永井美紀（cachet blanc）
コラム協力　伊東琴子、秋山綾、吾郷結、門田えり子、堀田香
special thanks　西野優、三谷葵

京《きょう》都《と》さくら探《たん》訪《ぼう》

2011年2月10日　第1刷

著者　ナカムラユキ
発行者　藤田淑子
発行所　株式会社　文藝春秋
〒102-8008
東京都千代田区紀尾井町3-23
電話（03）3265-1211（代）
印刷所　凸版印刷
製本所　加藤製本

定価はカバーに表示してあります。
万一、落丁乱丁の場合は送料当方負担でお取替えいたします。
小社製作部宛にお送りください。

ISBN978-4-16-373660-0